Hugo Hoppe

Der Kampf des General de La Moricière für die weltliche Macht

des Papstes

Hugo Hoppe

Der Kampf des General de La Moricière für die weltliche Macht des Papstes

ISBN/EAN: 9783743470125

Hergestellt in Europa, USA, Kanada, Australien, Japan

Cover: Foto ©ninafisch / pixelio.de

Manufactured and distributed by brebook publishing software (www.brebook.com)

Hugo Hoppe

Der Kampf des General de La Moricière für die weltliche Macht

des Papstes

Dem Herrn
Maria Joseph Reichsgrafen Auersperg,

Freiherrn auf Schönberg und Seisenberg, Herrn der Stamm- und Majorats-Grafschaft Auersperg, Herrn der Herrschaften Nablischegg und Sonnegg, K. K. Kämmerer, Oberst-Erblandmarschall und Oberst-Erblandkämmerer in Krain und der windischen Mark und Ehrenritter des Malteser-Ordens,

In tiefster Ehrerbietung

hochachtungsvoll gewidmet

von dem Verfasser.

Am Neujahrstage 1859 wurde ganz Europa in Aufregung und Schrecken versetzt durch die wenigen Worte, welche der Kaiser Napoleon III. beim offiziellen Empfange des diplomatischen Corps an den österreichischen Gesandten Baron von Hübner richtete. Die Aussicht auf einen Krieg zwischen Frankreich und Oesterreich mußte nothwendigerweise der Befürchtung Raum geben, daß ein allgemeiner europäischer Krieg zum Ausbruch kommen würde.

Hatte man zehn Jahre zuvor in fast allen Staaten des Continents die Schreckniffe der Revolution, sei es durch Zugeständnisse, sei es durch Waffengewalt überwunden, so waren die Erinnerungen, welche Nachtheile Handel und Industrie durch die Unterbrechung des Friedens erlitten, doch noch zu frisch, um nicht die öffentliche Meinung gegen Denjenigen wach zu rufen, der vermessen die Kriegsfackel wieder unter die Völker werfen würde. Der öffentlichen Meinung wäre das Volk in Waffen gefolgt und der Ruhestörer wäre sicherlich nicht gut davon gekommen. Dies wußte man in Paris sehr genau, und deshalb galt es, die öffentliche Meinung vorweg für sich einzunehmen. Die inspirirten Broschüren traten als Factoren mit in die Politik.

Die Idee, einem unter fremdem Drucke geknechteten, vergeblich nach Freiheit und Selbstständigkeit ringenden Volke zu so unschätzbaren Gütern zu verhelfen, ist eine erhabene, geeignet, Begeisterung hervorzurufen und Zustimmung zu erlangen. Napoleon III. zeigte, als er auf diese Weise für die italienische

Nation in die Schranken trat, daß er danach strebe, die Theorien seines großen Onkels, die dieser in der Muße von St. Helena aufgestellt und dem Grafen Montholon dictirt, in Praxis zu setzen, damit die Nachwelt erfahre, welche Absichten er für die Beglückung der Völker gehegt habe. Dieses Testament des Onkels ist dem Neffen der Leitfaden für seine Politik, deren Ziel die Befestigung seiner Dynastie ist. Erwählt durch den Willen des Volkes, muß er diesen Willen sich stets geneigt erhalten, und dazu erscheint bei der Wetterwendigkeit des französischen Volkes nichts geeigneter, als die Erhöhung der „gloire" unter stetem Hinweis auf die natürlichen Grenzen, durch die Frankreich so stark werden solle, daß es in allen Angelegenheiten der Welt das Wort des Schiedsrichters zu sprechen vermöge und „l'empire c'est la paix" eine Wahrheit werde. Der große Kaiser wollte sich mit dem Danke der Nationen begnügen; der Neffe will die Abhängigkeit der Nationen und beginnt damit zunächst bei den romanischen Völkern.

Mehr als drei seit jenem verhängnißvollen Neujahrstage verflossene Jahre haben den Schleier etwas gelüftet, und schon jetzt können wir bemerken, daß die Befolgung der Lehren Napoleons I. für die Pläne Napoleons III. ersprießlich geworden. Das italienische Parlament hat dem Kaiser Napoleon III. für die wohlwollende Anerkennung des Königs Victor Emanuel als König von Italien den Dank der Nation ausgesprochen und sich bereit erklärt, auch ferner der weisen Leitung seiner Kaiserlichen Majestät sich unterordnen zu wollen.

Welche Garantien aber diese Anerkennung dem italienischen Volke für seine Einheit und Unabhängigkeit giebt, geht deutlich aus der Fassung der betreffenden Note hervor, und in kurzer Zeit werden wir sehen, wie man in den Tuilerien die Politik Europas macht, zum Nutzen der Napoleoniden oder deren Anverwandten.

Wir haben oben bemerkt, daß die inspirirten Broschüren als Factoren in die Politik gezogen wurden und wollen jetzt zeigen, wie sie die öffentliche Meinung zu lenken suchten. Herr de la Guéronnière, dem in neuerer Zeit öfter öffentlich der Vorwurf gemacht worden, daß er es mit der Wahrheit nicht ganz genau nehme, schrieb in seiner Broschüre: „Napoleon III. und Italien."

„Dieses ist der gegenwärtige Zustand der Halbinsel:"

„In Rom Antagonismus zwischen der kirchlichen Regierung und den Interessen der bürgerlichen Gesellschaft; Isolirung des Fürsten trotz der Achtung, welche den Pontifex umgiebt; unabsehbare Dauer der französischen Besatzung."

„In Turin Aufregung des Nationalgeistes, welche einen Krieg herbeiführen kann, und Bruch mit Rom, der ein Schisma erzeugen kann."

„In Mailand allgemeine Auflehnung der besiegten, aber stets lebenden Nationalität gegen die Souverainetät Oesterreichs."

„In Neapel, in Parma, in Florenz, in Modena, überall wo Oesterreich durch seine Verträge, seine Rathschläge, welche Befehlen gleichkommen, und durch seine Garnisonen regiert, Empörung des italienischen Gefühls, die in Revolution ausarten kann; mit einem Worte: ein Italien', wo die größten geschichtlichen Erinnerungen durch die größten Unglücke ausgelöscht und herabgewürdigt sind, wo die wesentlichen Interessen der Gesellschaft, die Religion, die Ordnung, die Unabhängigkeit der Völker, die Autorität der Fürsten gefährdet und verloren sind und von wo als ein Vorwurf und als eine immerwährende Gefahr für Europa und seine Gesittung Leidensklagen sich erheben', gegen welche die Menschlichkeit und die Politik nicht gleichgültig bleiben können. Das ist das Bild, das unseren Blicken von jenseits der Alpen entgegentritt. Indem wir es hier in seiner schmerzlichen Wahrheit wiedergeben, klagen wir Niemanden an; wir wollen bloß, daß die öffentliche Meinung mit voller Kenntniß der Sachlage entscheide, nicht ob eine solche Situation gerecht, sondern ob sie möglich ist.

Der Schmerzensschrei Italiens wird auf diese Weise der öffentlichen Meinung möglichst zergliedert dargeboten.

Wir klagen Niemanden an, sagt Herr de la Guéronnière — aber in der dargebotenen Zergliederung wird Oesterreich und immer wieder Oesterreich als der Alp bezeichnet, der auf Italien laste.

Allerdings war Oesterreich nicht ruhig im Besitz der Lombardei und Venedigs. So sehr auch die österreichische Regierung den Bedürfnissen ihrer italienischen Unterthanen Rechnung zu tragen suchte; wenn sie auch die Gleichberechtigung der Sprache gewährte; wenn sie durch Anlage von Communicationen und Eisenbahnen in viel ausgedehnterem Maßstabe und frühzeitiger, als in ihren übrigen Staaten, Handel und Industrie begünstigte; wenn sie durch den Vorzug der Silberwährung und der Nichteinführung des Papiergeldes den Verkehr hob; so konnte sie doch nicht verhindern, daß bei Gelegenheit die Nationalität gegen die Regierung opponirte. Es ist dies ein Fall, den andere Staaten in letzterer Zeit auch nicht haben hindern können; die Bestrebungen der wenigen Polen im Preußischen Staate sind uns ein naheliegender Beweis dafür.

Mit den selbstständigen Staaten Italiens — Piemont ausgenommen — hatte Oesterreich Verträge, und zwar zu Recht bestehende Verträge abgeschlossen, welche ihm Rechte einräumten, aber auch Verpflichtungen auferlegten. Die Nothwendigkeit eines kräftigen und starken Rückhalts gegen die Bestrebungen der, wie weltbekannt, sehr rüstigen italienischen Revolutionspartei, gegen den sich stets erneuernden socialistischen Unfug eines Mazzini und Consorten hatte zu diesen Verträgen geführt. Das von Oesterreich damals noch fortwährend aufrechterhaltene System des Absolutismus hatte in den speciellen Fällen die Handlungsweise seiner Beamten und seiner

Armee bestimmt; und freilich waren auch wohl die in strengen österreichisch-bureaukratischen Formen aufgewachsenen Beamten und die über alle Maßen streng disciplinirte österreichische Armee nicht geeignet, den Revolutionsbestrebungen irgend welchen Beistand zu leisten. Wir glauben im Gegentheil, daß durch das Benehmen der Beamten und Offiziere in den fremden — nicht zum österreichischen Gebiet gehörenden — Garnisonen öfter Personen von mäßiger und guter Gesinnung verletzt worden sind. Komisch jedoch klingt die Anklage gegen eine Regierung, die Revolutionsbestrebungen zu unterdrücken, in dem Munde eines Herrschers, der vor einem zweiten Dezember nicht zurückgeschreckt war, und der in seinem eignen Reiche zu demselben Zwecke den Despotismus zur höchsten Blüthe gebracht hatte.

Die Sache lag jedoch anders.

Oesterreichs Einfluß lähmte alle Bestrebungen des Kaisers Napoleon für eine Coalition der romanischen Völker, welche die hauptsächlichste Bedingung für das Gelingen der Pläne der Napoleoniden schien, und mußte deshalb aus dem Wege geräumt werden.

Piemont, der einzige Staat Italiens, welcher damals frei von österreichischem Einfluß ein ganz anderes System befolgte als die übrigen Staaten der Halbinsel, schien dazu ein geeignetes Werkzeug. Die Herrscher aus dem Hause Savoyen hatten seit dem funfzehnten Jahrhundert bei dem Grundsatze der Untheilbarkeit und Unveräußerlichkeit der Erblande jede sich darbietende Gelegenheit geschickt zur Vergrößerung ihres Staates zu benutzen gewußt. Diesen Charakterzug sahen wir in neuerer Zeit (1848) bei Carl Albert zuerst wieder hervortreten, der, nachdem er seinen Liberalismus von früher durch einen crassen Despotismus hatte in Vergessenheit bringen wollen, im Jahre 1848 nach der französischen Februar-Revolution plötzlich die Fahne der italienischen Nationalität entfal-

tete und durch eine ohne alle Veranlassung beschlossene Kriegs=
erklärung an Oesterreich sich die Gunst des italienischen Vol=
kes und den Besitz des lombardisch-venetianischen Königreichs
zu erwerben trachtete. Seine Abdankung zu Gunsten seines
Sohnes, des jetzigen Königs Victor Emanuel und ein von
diesem in aller Eile geschlossener Friede, der im ganzen Lande
Unwillen und Aufstand erregte, war das Resultat des Kampfes.
Wer konnte glauben, daß der neue König sich nach solchen
Opfern der Politik seiner Vorfahren begeben würde? Dies
geschah in der That auch nicht. Während in allen Staaten
Italiens eine starke Reaction eintrat, schritt in Piemont die
Regierung auf dem Wege liberaler Reformen und innerer
Entwicklungen ohne Störung vorwärts. Ohne hervorragende
Begabung, hatte Victor Emanuel das Glück, Staatsmänner
zu finden, welche handelnd in die politischen Ereignisse Euro=
pas eintraten und dadurch den Beweis von der Lebensfähig=
keit des kleinen, von übergroßer Schuldenlast gedrückten Staa=
tes gaben. Diese Staatsmänner waren es, welche das piemontesische Heer an dem Krimmkriege Theil nehmen ließen,
theils um dasselbe kriegsgeübt zu machen, theils aber und vor=
züglich, um Piemont das Recht zu erkaufen, zu dem voraus=
sichtlich nach Beendigung des Krieges stattfindenden europäischen
Congresse zugezogen zu werden. Der Zweck wurde erreicht
und die Aufmerksamkeit Europas auf diesen kleinen Staat ge=
lenkt. Da ertönte zum ersten Male der Schmerzensschrei
Italiens, ausgestoßen von den piemontesischen Bevollmächtigten,
und gab Napoleon III. Veranlassung, seine Pläne ins Werk
zu setzen und Victor Emanuel Anerbietungen zu machen. Um
sich Vertrauen für dieselben zu verschaffen, mußte das Haus
Savoyen, welchem die Handlungsweise Napoleon I. ein solches
gewiß nicht hatte einflößen können, durch eine gewisse Solidari=
tät der Interessen gefesselt werden. Der dem französischen
Kaiserthron zunächststehende Prinz Napoleon, Sohn Jerome's,

Exkönigs von Westphalen, heirathete die Prinzessin Clotilde von Savoyen, Tochter Victor Emanuels. Von da ab machte die piemontesische Regierung ungescheut in revolutionärer Weise Propaganda in ganz Italien und brachte es dahin, daß von überall Deputationen an den Kaiser Napoleon geschickt wurden und ihm der Schmerzensschrei Italiens immer lauter und mahnender in die Ohren drang.

Die öffentliche Meinung ändert sich leicht mit den Ereignissen und kehrt sich häufig gerade ins Gegentheil um. Napoleon III. war es daher nicht genug, diese für sich gewonnen zu haben; er mußte sich auch der Urheberschaft eines Schrittes überheben, dessen Folgen selbst er nicht voraus zu bestimmen vermochte. Während er heimlich rüstete, schlug er öffentlich eine friedliche Lösung vor. Piemont rüstete gleichfalls ohne allen äußeren Grund, und als Oesterreich darnach fragte, wurde die Auskunft verweigert. Unter solchen Umständen war es natürlich, daß Oesterreich seine Zustimmung einem von Napoleon vorgeschlagenen Congresse der Großmächte, an dem auch Piemont Theil nehmen sollte, verweigerte, bevor letzteres nicht entwaffnet habe. Der Congreß sollte Folgendes zur Lösung bringen:

1. Die Mittel bestimmen, durch welche der Friede zwischen Oesterreich und Sardinien erhalten bleiben könne;

2. untersuchen, ob es angemessen sei, in der inneren Verwaltung der römischen Staaten, so wie anderer Staaten Italiens, deren Verwaltung Mängel barböte, die augenscheinlich darauf hinwirkten, einen fortwährenden und gefährlichen Zustand der Unruhe und Unzufriedenheit zu schaffen, Reformen einzuführen, und welche Reformen dies sein sollten.

3. feststellen, auf welche Weise die Räumung der römischen Staaten durch Franzosen und Oesterreicher am besten bewirkt werden können.

4. an Stelle der Verträge zwischen Oesterreich und den

Herzogthümern eine Conföderation der Staaten Italiens untereinander zu schaffen.

Oesterreich beharrte auf seiner Forderung um so mehr, als die Haltung Piemonts einer Drohung gleich sah; Piemont gab nicht nach, und so wurden die Bestrebungen des Kaisers Napoleon zur Aufrechterhaltung des Friedens nicht von dem Erfolge gekrönt, den Europa davon erwartete.

Als nun aber Oesterreich verlangte, daß Piemont entwaffnen und eine Frist dazu stellte, da gebot es auch die Ehre Oesterreichs, seinem Ultimatum nach fortdauernder Weigerung Nachdruck zu verschaffen, und die Ueberschreitung des Ticin erfolgte. — Hierdurch waren die Rollen vertauscht. Oesterreich, das in ganz Italien die Freiheitsbestrebungen niederhaltende Oesterreich, erschien der öffentlichen Meinung in dem Versuche, den einzigen freien Staat Italiens unterdrücken, zu Grunde richten zu wollen. Oesterreich hatte die Kriegsfackel in die Welt geworfen, und Napoleon konnte ruhig den Brand schüren helfen, unbekümmert darum, wen er ergriffe, wo und wann er erlösche.

„Frei bis zum adriatischen Meere soll Italien sein," erklärte der Kaiser der Franzosen und zog persönlich mit starker Macht dem Bundesgenossen zu Hilfe. Der Verlauf des Feldzuges von 1859 rief die Befürchtungen wach, daß der Krieg sich nicht allein in Italien localisiren, sondern sich bald auf deutsches Gebiet herüberspielen würde, und die übrigen deutschen Staaten machten ihre Heere mobil. Napoleon begriff schnell die Aenderung der Lage und scheute sich nicht, zu unwürdigen Mitteln zu greifen, um den Kaiser Franz Joseph in Villafranca zu einem Waffenstillstande und zu Friedenspräliminarien zu bewegen. Wenn man diese betrachtet, so muß man die Ueberzeugung gewinnen, daß Napoleon III. entweder der größte Heuchler oder die Leitung der italienischen Angelegenheiten einen Augenblick seinen Händen entschlüpft gewesen sei. Möge nun das Eine oder das Andere der Fall gewesen sein; er fand die gewünschte Veranlassung, einen Nutzen für die Förderung seines Hauptplanes zu erzielen. Hatte er sein Wort: „Italien soll frei sein bis zum adriatischen Meere" auch nicht gelöst, so hatte er doch seinen Zweck erreicht. Denn österreichische Truppen waren nur noch in Benetien, die österreichisch-gesinnten Herzoge hatten ihre Staaten verlassen, wo sich sogleich provisorische, die National-partei repräsentirende Regierungen gebildet hatten, überall war eine heftige Bewegung gegen die Tedeschi hervorgerufen, so daß der Einfluß Oesterreichs auf Italien vernichtet war. Oester-reich hatte die Lombardei an Frankreich abgetreten, welches großmüthig solche wiederum an Piemont überließ. Die Wieder-einsetzung der Herzöge war im Friedensschlusse als eine Be-dingung mit aufgenommen worden; allein das, was Napoleon für möglich gehalten zu haben schien, zeigte sich als unausführbar, wollte er nicht dem Prinzipe, kraft dessen er Herrscher von Frank-reich, in's Gesicht schlagen und den Nimbus, der ihn, den un-eigennützigen und großmüthigen Befreier einer gedrückten und geknechteten Nation, umstrahlte, schwinden machen. Graf Cavour, der piemontesische Premier-Minister hatte sich bereits mit den provisorischen Regierungen in Verbindung gesetzt; sardinische Comissaire und Gouverneure leiteten dieselben; sardinische Truppen hatten die Landesgebiete besetzt; die Volksabstimmung in den Herzogthümern und in der Romagna brachte Piemont in den Besitz dieser Staaten. —

Unsere Absicht, in diesen Zeilen den Kampf für die weltliche Macht des Papstes unter General de la Moricière im Jahre 1860 getreu nach den als Mitkämpfer gemachten Beobachtungen niederzuschreiben, veranlaßt uns, hier etwas länger bei der Geschichte des Kirchenstaats zu verweilen, als es in dem Vorstehenden bei den übrigen Staaten Italiens geschehen ist. Die Frage über die Nothwendigkeit der weltlichen Herrschaft des Papstes liegt natürlich außerhalb der Grenzen dieser Schrift; wir beschränken uns auf die Erzählung von Thatsachen unserer Wahrnehmung, um entscheiden zu lassen, ob der General de la Moricière berechtigt und fähig war, eine legitime Regierung gegen revolutionäre Umtriebe einer benachbarten zu schützen, ihr Ansehen im Inneren aufrecht zu erhalten und zur Beseitigung des von Herrn de la Guéronnière erwähnten Antagonismus beizutragen.

Nach der Erhebung Pius IX. auf den Stuhl Petri im Jahre 1846 hatten die von ihm begonnenen Reformen eine Begeisterung für ihn von den Alpen bis zur Meerenge hervorgerufen, welche sich in fortwährenden Evivas und in unzähligen Lobliedern kund gab. Das Papstthum war wiederum der politische Mittelpunkt Italiens geworden. Leider unterbrachen die maßlosen Ausschreitungen der Revolution in den Jahren 1848 und 1849 die ersprießlichen Handlungen eines Fürsten, welcher zugleich das Oberhaupt der katholischen Welt und der erste in der Zahl dieser Fürsten war, der als Freund einer freieren politischen Richtung durch freiwillige Ertheilung einer Constitution einen Theil der überkommenen Macht aus den Händen gegeben hatte. Fremde Bajonette, und zwar französische, hatten dem vor dem Terrorismus der wildesten Art nach Gaeta geflüchteten Papste die Rückkehr in seine Staaten möglich gemacht; der Präsident der französischen Republik Louis Napoleon Bonaparte hatte sich damals beeilt, die weltliche Macht des Papstes wiederherzustellen, welche heute der Kaiser der Franzosen Napoleon III. vernichtet. Der Präsident trachtete nach der Usurpation des Kaiserthrons und die Mitwirkung des Papstes erschien ihm nothwendig; der Kaiser trachtet nach Begründung des erlangten Thrones und hält dazu Ruhm und Macht für erforderlich.

Die Reaction, welche nach der Wiederherstellung der Ordnung folgte, nahm bei dem milden und stets zur Versöhnung geneigten Charakter Pius IX. nicht die strengen Formen an, wie es wohl anderwärts geschah. Noch bevor der Papst nach Rom zurückkehrte, erließ er von Gaeta aus ein Amnestiedecret für alle Irregeleiteten und Verführten und sorgte durch ein Motu proprio für die Regelung der Staatsverwaltung in der Art, wie er es für seine Unterthanen ersprießlich hielt, denen ein größeres Maß politischer Freiheit so viel Unheil gebracht hatte. Nach dem Motu proprio wurde ein Kriegsministerium, ein Finanzministerium, ein Ministerium für Handel, öffentliche Arbeiten u. s. w. und ein Ministerium des Innern gebildet, deren Vorstände zu einem Ministerrath unter Präsidium des Staatssecretairs vereinigt wurden.

Ein Staatsrath aus neun ordentlichen und sechs außerordentlichen Mitgliedern (Laien) wurde berufen, der aus den in der Verwaltung erprobtesten Männern bestehen sollte und dessen Competenz es war, die Regierung über die in den ministeriellen Departements ausgearbeiteten Gesetzentwürfe aufzuklären.

Ein Finanzrath (Staatsconsulta für die Finanzen) wurde vom Papste ernannt aus Männern, die aus einer freien Wahl der Munizipalräthe hervorgegangen. Seine Competenz erstreckte sich auf die Revision der Staats-Einnahmen und Ausgaben.

Die Gemeindeverwaltung wurde auf den freiesten Grundlagen errichtet. Eine jede Gemeinde wählte einen Gemeinderath aus respective 36, 30, 24, 16 oder 12 Mitgliedern, wovon ⅓ Grundeigenthümer und ⅓ Industrielle, Capitalisten, Gelehrte u. s. w. waren. Dieser Rath wählte aus sich eine permanente Commission für den Provinzialrath. Die Administrativgewalt in den Provinzen wurde in die Hände der Präsidenten (Delegaten) gelegt, denen eine Regierungscongregation aus vier Räthen (Laien) zur Seite gesetzt wurde. Die Verwaltung der Güter, Einkünfte der Provinz, Spitäler u. s. w. wurde einem Provinzialrathe von so viel Mitgliedern, als Gemeinden vorhanden, übertragen. Die Einwirkung der Delegaten oder Präfecten auf die Communal-Angelegenheiten bestand nur in dem Rechte der Revision.

Für die Civilgerichtsbarkeit sorgten: Einzelrichter in den Hauptorten und Hauptgemeinden des Landes, vor deren Forum Sachen zum Werthe bis 200 Scudi und solche gehörten, welche Eile hatten; 18 Collegialgerichte (aus Laien zusammengesetzt) für Sachen über 200 Scudi; 3 Appellationsgerichte gleichfalls aus Laien besetzt; als dritte und letzte Instanz bestand der Gerichtshof der heiligen Rota.

Dem Volksunterricht war hinreichende Sorgfalt gewidmet; jede Gemeinde hatte ihre Volksschule; höhere Lehranstalten waren genügend vorhanden, und die Akademien von Rom und Bologna erfreuten sich eines begründeten Rufes.

Als auf dem Pariser Congresse (nach Beendigung des Krimmkrieges) der Schmerzensschrei Italiens von den piemontesischen Bevollmächtigten ausgestoßen wurde, war hauptsächlich die Verwaltung des Kirchenstaats in gehässiger Weise beleuchtet worden. Graf Walewsky, Minister der auswärtigen Angelegenheiten in Frankreich, suchte sich dieserhalb Aufklärungen zu verschaffen und beauftragte den außerordentlichen Botschafter in Rom, Grafen Rayneval, über die Verwaltung des Kirchenstaats zu berichten. Dies geschah unterm 14. Mai 1856 folgendermaßen:

„Die verschiedenen Gewalten des römischen Staates sind sorgfältig von einander getrennt und begrenzt. Bestimmte ministerielle Departements, verschieden in ihren Machtkreisen, sind gebildet worden, von denen jedes innerhalb seiner besonderen Sphäre thätig ist. Ein Ministerrath wurde unter dem Vorsitze des Staatssecretairs ernannt, und die Geschäfte werden stets der Prüfung einer Discussion unterworfen. Gleichzeitig ist die höchste Hochachtung vor der richterlichen Gewalt ausgesprochen und ausgeübt worden. Ein Staatsrath für die Vorbereitung der Gesetze, bestehend aus den in der Verwaltung erprobtesten Männern, wurde ernannt mit der Aufgabe, die Regierung aufzuklären, in Folge einer genauen Untersuchung aller von den ministeriellen Departements ausgearbeiteten Entwürfe."

„Ein Finanzrath, zusammengesetzt aus Mitgliedern, welche von dem Souverain nach einer freien Wahl der Municipalräthe ernannt worden, wurde besonders mit dem Geschäfte der Revision der Staatseinnahmen betraut."

„Die Gemeindeordnung war gleichzeitig der Gegenstand einer vollständigen Reform. Die örtlichen Interessen beschäftigen in hohem Grade die Aufmerksamkeit des italienischen Geistes und sind Gegenstand der auffallendsten Vorliebe. Es wäre schwer, diesem Bedürfnisse vollkommener zu entsprechen, als dieses in der neuen Organisation der Fall war."

„Es sind nicht die Repräsentanten der Regierung, welche mit der Verwaltung der Gemeinde- und Provinzialfonds beauftragt sind. Die Sorge ist einer vollziehenden Commission anvertraut, welche von dem Rathe, den sie repräsentirt, erwählt ist und welche während der ganzen Zwischenzeit von der einen Sitzung zu der anderen in Permanenz bleibt. Die Delegaten oder Präfecten haben nur das Recht der Revision und nehmen keinen unmittelbaren Antheil an der Verwaltung der provinziellen oder Gemeinde-Angelegenheiten."

"Das bürgerliche und peinliche Gesetz ist Gegenstand der vollkommensten Revision gewesen. Verschiedene Code des Verfahrens in der Civil- und Criminalordnung, wie auch ein Handelscoder, alle gegründet auf die unsrigen und bereichert mit den Lehren der Erfahrung, sind verkündet worden. Ich habe sie sorgfältig studirt. Sie sind erhaben über die Kritik."

"Das Gesetzbuch über das Hypothekenwesen wurde von französischen Rechtsgelehrten geprüft und ist von ihnen als ein musterhaftes Document citirt worden. Das römische Recht, modificirt in einzelnen Theilen durch das canonische Recht, ist zur Grundlage der Civilgerichtsbarkeit gemacht worden."

"Die römische Republik (1849) hat ihren Ausgaben zu Hülfe zu kommen gesucht durch die Schaffung von Papiergeld, welches bald eine bedeutende Entwerthung erlitt. Die päpstliche Regierung hat nicht gezögert, diese Assignaten anzuerkennen und hat sich der Aufgabe unterzogen, durch Ankauf derselben sie aus der Circulation zurückzuziehen. Die Operation ist gelungen, obgleich die Summa sehr beträchtlich war. Die Assignaten sind jetzt vollständig aus der Circulation verschwunden, und die Billets der Bank des Kirchenstaats, die einzigen, welche heute im Umlauf sind, haben den nämlichen Werth wie die Geldmünzen und stehen al pari."

"Die römische Bank, eine französische Stiftung, entsprach den Bedingungen des Handels nur unvollkommen. Sie wurde modificirt und ist seitdem die Bank des Kirchenstaats geworden."

"Die päpstliche Regierung richtete mit großer Sorgfalt ihr Augenmerk auf die Mittel, den Ertrag der indirecten Abgaben zu erhöhen, und hat die Gesetze über die Douanen einer Revision unterworfen. Sie hat die Zölle in Betreff einer großen Anzahl von Artikeln herabgesetzt und beschäftigt sich in diesem Augenblick mit einer neuen Maßregel, welche vollständiger und umfassender in ihren Wirkungen sein wird."

"Post- und Handelsverträge sind mit Frankreich und andern Staaten auf der breitesten Basis und im Einklange mit jenen Prinzipien geschlossen worden, welche anderswo als gleichbedeutend mit den Ideen des Fortschritts gelten."

„Ungeachtet der beträchtlichen Lasten, welche durch die Revolution verursacht und der jetzigen Regierung vermacht worden sind, trotz der außerordentlichen, durch die Wiederherstellung der Armee verursachten Ausgaben, trotz der zahlreichen, den öffentlichen Arbeiten gegebenen Ermuthigungen, hat der Stand des Budget, welcher im Anfang ein sehr beträchtliches Deficit nachwies, mehr und mehr sich der Ausgleichung genähert."

„Ich habe kürzlich die Ehre gehabt, Ew. Excellenz zu bemerken, daß das Deficit im Jahre 1855 auf eine unbedeutende Summe reduzirt worden ist, welche großentheils von den unvorhergesehenen Ausgaben und den auf die Tilgung der Schuld verwendeten Capitalien herkommt. Die Abgaben sind immer weit unter dem mittlern Durchschnitt der verschiedenen europäischen Staaten. Ein Römer zahlt jährlich dem Staate 22 Franken, da die 3 Millionen Einwohner 68 Millionen Franken zahlen. Ein Franzose zahlt der französischen Regierung 45 Franken, da 35 Millionen Einwohner 1600 Millionen Franken zahlen. Diese Zahlen zeigen auf eine unbestreitbare Weise, daß der Kirchenstaat aus diesem wichtigen Gesichtspunkte als einer der am besten gestellten in Europa betrachtet werden muß. Die Ausgaben sind nach den Grundsätzen der größten Sparsamkeit geregelt. Eine einzige Thatsache reicht hin, dieses zu beweisen."

„Die Civilliste, die Ausgaben für die Cardinäle, das diplomatische Corps im Auslande, die Kosten der Unterhaltung der päpstlichen Paläste und Museen, all das zusammen erfordert von dem Staate nicht mehr als die Summe von 3,200,000 Franken. Diese kleine Summe ist die einzige Art von Staatsgeldern, die der Papst in Anspruch nimmt, um die päpstliche Würde zu wahren und um die wichtigsten Anstalten der höheren kirchlichen Verwaltung zu unterhalten."

Dieser Bericht machte in Frankreich und in England viel Sensation, und es bedurfte schlauer Manöver des Grafen Cavour, um den Eindruck desselben zu verwischen.

Trotzdem ließ sich nicht verkennen, daß manche Mängel vorhanden waren, welchen abzuhelfen die Regierung nicht die nöthige Energie zeigte.

Der hauptsächlichste Charakterzug des Italieners ist die Neigung zum Nichtsthun, zum dolce far niente. Alle Thätigkeit, welche sich über die täglichen und unabweislichen Bedürfnisse hinaus erstreckt, ist ihm fremd. Dieser Indifferentismus zeigt sich in seinem Leben, seiner Kleidung, seiner Wohnung. Er arbeitet nur so viel, als er zum Leben nöthig hat, seine Kleidung erinnert an die ersten Zeiten der Cultur und dauert gewöhnlich vom Vater auf den Sohn und den Enkel, seine Wohnung ist schmutzig und ohne allen Luxus eingerichtet. Die täglichen Versammlungen auf der Piazza sind das Prototyp des italienischen Charakters; ohne Unterhaltung und ohne Bewegung genießt die große Masse der Bevölkerung hier die schönen Abende. Wie in seinem Privatleben zeigt sich der Italiener auch im Gemeindeleben. Was nicht das unabweisbarste Bedürfniß verlangt, wird nicht beachtet. Die Städte bieten einen schmutzigen Anblick und haben das Aussehen des Verfalls, die Gemeindewege sind so schlecht, daß sie nur mit der größten Qual für Vieh und Menschen zu passiren sind.

Die Liebe zum Nichtsthun findet ihren unvermischten Ausdruck in dem zahlreichen Priesterstande. Jede Familie steuert ihr Contingent zu demselben, und es ist mithin der Priesterstand eine volksthümliche Institution. Keineswegs jedoch genießt dieser Stand die Achtung und Verehrung wie bei uns. Die wenig instruirten und wenig begabten Geistlichen erheben sich nicht über das Niveau des alltäglichen Lebens; die begabten und strebsameren dagegen werden mit einer gewissen Achtung von Jedermann betrachtet und behandelt; ihnen steht der Weg zu den höchsten Ehrenstellen offen, und wenn sie zu diesen nicht gelangen, so erhalten sie doch Verwendungen, welche von Einfluß auf die Bildung und Gesittung der Bewohner sind. In den Verwaltungsämtern selbst waren nur circa 150 Geistliche, die übrigen Beamtenstellen waren durch Laien besetzt. Cardinäle bekleideten die Aemter der Delegaten oder auch andere bedeutende Staatsämter. Auf einen dieserhalb der Regierung gemachten Vorwurf antwortete dieselbe, daß abgesehen davon, daß jeder Souverain in der Auswahl für solche Aemter frei sei, die Cardinäle durch ihre Eminenz so nahe dem päpstlichen Throne in derselben Weise betrachtet werden müßten, wie in anderen Staaten die Prinzen von Geburt, welche wegen ihres hohen Ranges und des ausgedehnten Vertrauens, das sie einflößen, die erhabensten und wichtigsten Posten innehaben, und es gerecht sei, daß die Cardinäle im Kirchenstaat zu gleichen Ehren zugelassen werden. Hiernach rechtfertigt sich die Verwendung von Geistlichen in Verwaltungsposten, welche ihnen als Schule für ihre etwaige spätere Bestimmung dienen.

Um die höhere Geistlichkeit schaaren sich die Verwandten, um von ihr begünstigt und empfohlen zu werden. Der Beamtenstand setzt sich so zusammen; Protection herrscht in demselben von oben bis unten und statt derselben in gewissen Fällen Bestechlichkeit.

Die Segnungen einer geordneten Thätigkeit, Handel, Industrie und die Erfindungen der Neuzeit werden meistentheils von Fremden (Deutschen und Franzosen) ausgebeutet. Diese sind auch fast durchgängig mit der Verwaltung zufrieden, und wissen davon manches Lobenswerthe zu erzählen. Selbst fremde Arbeiter findet man in Masse, während Bettelei und Banditenwesen nach dem Geschmack der eingeborenen Bevölkerung ist. Diesem Banditenwesen zu steuern, hat die Regierung nicht ohne Erfolg Anstrengungen gemacht, obgleich sie darin von den großen Grundbesitzern wenig unterstützt wurde, welche es vorzogen, von den Banditenchefs Unbelästigtsein zu erkaufen, statt der bewaffneten Macht bei Verfolgung hülfreiche Hand zu leisten.

Eine rühmliche Ausnahme von diesem allgemeinen Indifferentismus macht die hohe Aristokratie. Der Aufenthalt in fremden Ländern hat ihr eine praktischere Richtung gegeben; allein sie stellt sich der Regierung meist feindlich gegenüber; zu stolz, deren Protection in Anspruch zu nehmen, erschöpft sie sich meist in unfruchtbaren Versuchen, während die protegirten Cavalieri oder Nobili — Verdienstadel — günstigere Resultate erzielen. Dies erbittert. —

Die Stellung der hohen englischen Aristokratie ist übrigens das Ideal der italienischen, welche ganz außerhalb der Bevölkerung steht. Aus dem Streben nach diesem Ideal entspringt die Opposition, und begegnen wir deshalb in der Geschichte der Revolutionen der italienischen Provinzen überall den hohen Aristokraten als Leitern und Veranlassern der Bewegungen. Die Regierung läugnete keineswegs die Nothwendigkeit von Reformen in gewissen Beziehungen und gab der dieselben anregenden Diplomatie nach, indem sie Entwürfe für solche vorbereitete. Da erfolgte 1859 der Ausbruch des Krieges in Ober-Italien zwischen Oesterreich, Frankreich und Sardinien, und nahm die Thätigkeit des Gouvernements nach einer anderen Seite hin in Anspruch.

Pius IX. erklärte natürlich seine Neutralität; allein im Kirchenstaate selbst befanden sich seit dem Jahre 1849 französische und österreichische Garnisonen. Ohne auf das Vorhandensein der ersteren, die in ihren Maßnahmen die Autorität der römischen Regierung wenig achteten und dieser manche

Unbequemlichkeiten bereiteten, Rücksicht zu nehmen, erklärte die piemontesische Regierung das Verbleiben der österreichischen Truppen im Kirchenstaat als eine Neutralitäts-Verletzung und wollte daraus für sich das Recht herleiten, auf die Neutralität des Kirchenstaats keineswegs Rücksicht nehmen zu dürfen.

Die Oesterreicher räumten am 11. Juni Bologna und Ancona, und sogleich trat in ersterem Orte der Marquis Joachim Pepoli, ein Großsohn Murats und Vetter Napoleon III., an die Spitze der nationalen Bewegung. Der Cardinal Delegat Milesi verließ Bologna und ging nach Ferrara, das noch von den Oesterreichern besetzt war. Eine Deputation der in aller Eile gebildeten provisorischen Regierung begab sich zu Victor Emanuel, um diesem Könige die Dictatur anzubieten, welcher auch, trotzdem er diese ablehnte, einen außerordentlichen Commissair für die Legationen in der Person des Marquis d'Azeglio ernannte und die Organisation bolognesischer Freiwilligen-Bataillone durch den Obersten Pinelli anordnete. Allein so gering war die Betheiligung der Bevölkerung bei dieser Revolution, daß der Cardinal Milesi noch fortwährend seinen aus Ferrara gegebenen Befehlen in Bologna und in der ganzen Provinz Gehorsam leisten sah. Die Organisation der Freiwilligen ging auch nicht recht von Statten, und um ihr zu Hülfe zu kommen und das Einrücken päpstlicher Truppen in Bologna zu verhindern, wurde der General Mezzacapo dorthin mit 1600 Mann Freiwilliger geschickt, die er in Toscana organisirt hatte.

Forli und andere Orte der Romagna waren durch Schweizer Truppen unter dem Befehl des General Kalbermatten in Ruhe erhalten; indessen die nationale Bewegung, von Turin aus fort und fort angefacht und unterstützt, hatte auch dort Eingang gefunden und äußerte sich in den schmählichen Versuchen, die Soldaten zum Treubruch zu verleiten. Unzählige Comités erkauften mit bedeutenden Mitteln die Soldtruppen des Papstes und verschafften ihnen die Gelegenheit zur Desertion.

Die schweizerischen Soldtruppen, deren Treue in früheren Zeiten sprüchwörtlich war, hatten nach dem Jahre 1849 eine ihrem inneren Verbande verderbliche Reorganisation durch den jetzigen General Schmidt erfahren. Früher bestanden sie bestimmungsmäßig nur aus katholischen, in der Schweiz gebürtigen Leuten; die Offiziere waren ebenfalls fast nur Schweizer und kannten zum großen Theil die Familien der Soldaten. Es galt in der Schweiz für eine Nothwendigkeit, sich in fremden Kriegsdiensten militairische Application zu verschaffen, und die Söhne der besten Familien des Landes gingen nach Neapel oder Rom, um einige Jahre Offizierstellen in den aus ihren minderbegüterten Landsleuten gebildeten Regimentern zu bekleiden; andere, ebenfalls guten Familien angehörige Individuen, die ihrer Neigung zum Militairstande im Vaterlande wegen der eigenthümlichen Heeresorganisation desselben nicht Rechnung tragen konnten, suchten sich durch lange Dienstzeit in jenen Armeen eine Carriere oder eine Pension zu schaffen, die ihnen ein sorgenfreies Alter, sei es in der Fremde, sei es in der Heimath, sicherte. Die Soldaten ersparten von ihrem Handgelde und ihrer überaus reichlichen Löhnung so viel, daß sie bei der Rückkehr in die Heimath, wo sie außerdem sehr häufig als Instructoren Versorgung fanden, irgend etwas unternehmen konnten, oder sie speculirten auf eine Invalidenversorgung in den respectiven Staaten. Als jedoch die schweizerische Eidgenossenschaft 1849 ihren Unterthanen den Eintritt in fremde Kriegsdienste untersagte, fanden sich nicht immer genug Schweizer vor, um die Regimenter in Rom zu rekrutiren, zumal diese bei ihrer Reorganisation in demselben Jahre verstärkt und nach einem Plane des General Schmidt, damals Werbe-Inspecteur, noch neue Truppentheile geschaffen wurden. Derselbe gestattete deshalb die Anwerbung von Individuen aller

Nationalitäten, und waren bei der früheren Organisation auch
die moralischen Eigenschaften der sich zur Anwerbung Mel=
denden in Betracht gezogen worden, so fiel dies jetzt von
selbst weg, da die auf französischem Boden etablirten Werbe=
depots sich darüber keine Auskunft zu schaffen vermochten.
Das Einzige, was in dieser Beziehung geschah, war die Mit=
theilung Seitens der Truppentheile an die Werbedepots von
den Namen derjenigen Individuen, welche wegen entehrender
Verbrechen ausgestoßen waren, damit eine Reengagirung der=
selben nicht stattfinde. Auf solche Weise war aus den schwei=
zerischen Soldtruppen eine Fremdenlegion unter schweizerischen
Offizieren geschaffen worden, die, wenn auch unter strenger
Disciplin, doch nicht von dem Werthe war, wie die Fremden=
legion für die Franzosen in Afrika. Letztere enthält unbedingt
mehr schlechte Elemente, allein ihre Stationirung in Afrika
unter französischen Truppen verhindert die Demoralisation und
benimmt die Gelegenheit zur Desertion, außerdem hält Kampf
oder Arbeit sie in fortwährender Thätigkeit. Die hin und wieder,
wenn auch nur spärlich, ausgetheilten Auszeichnungen und Avan=
cements erweckten militairischen Geist. Erstere dagegen war
den Einflüssen der Revolutionspartei fortwährend zugänglich
und fand bei Desertionsvorhaben bereitwillig Aufmunterung
und Unterstützung, beurtheilte das Soldatenleben nur nach
den Beschwerlichkeiten und Langweiligkeiten des Garnisonlebens
und empfand Mißbehagen, wenn die Auszeichnungen und Be=
förderungen hauptsächlich den Soldaten schweizerischer Nationali=
tät zufielen. Unter solchen Umständen mußte der General
Kalbermatten bei der durch die Thätigkeit der Revolutions=
Comité's immer mehr und mehr um sich greifenden Desertion
fürchten, daß die Truppe sich ganz und gar auflösen oder
aber im Falle, wo man sie gebrauchen wollte, nicht willig sein
werde. Um der Demoralisation zu steuern und die Ehre des
Offizierco rpsnicht preis zugeben, marschirte er daher eilig auf

Ancona, die Legationen den Einflüssen der Nationalitäts-
partei überlassend. Unterdessen hatten sich auch an einzelnen
anderen Orten des Kirchenstaats Versuche zur Insurrection
gezeigt.

In Perugia hatte sich am 14. Juni auf die Nachricht von
dem Abzuge der Oesterreicher und von den Vorgängen in
Bologna die Bevölkerung, verleitet durch piemontesische Emissäre,
zu einer Demonstration hinreißen lassen, welche den Abzug der
dortigen Garnison und des Delegaten zur Folge hatte. Gleich
darauf wurde eine provisorische Regierung eingesetzt, deren erste
Sorge es war, die Dictatur Victor Emanuels zu proclamiren.
Die päpstliche Regierung hatte auf diese Vorgänge hin den Staatsrath Lattanzi nach Perugia geschickt, um eine Unterwerfung
unter die rechtmäßige Autorität anzubahnen, allein Perugia
hatte alle Verhandlungen mit der rechtmäßigen Regierung
zurückgewiesen. Blieb unter diesen Umständen etwas Anderes
übrig, als die Revolution mit Waffengewalt zu unterdrücken?
Wir glauben nicht.

Der Oberst Schmidt, Commandeur des 1. Schweizer-
Regiments, erhielt den Befehl, mit seinem Regimente und vier
Geschützen sich in den Besitz der aufständischen Stadt zu setzen
und die rechtmäßigen Behörden zu restituiren. Das, was wir
von Augenzeugen über die Einnahme von Perugia gehört, weicht
so sehr von den Berichten, welche die durch Piemont bezahlten
Zeitungen darüber brachten, ab, daß wir nicht umhin können,
den wahren Thatbestand hier aufzunehmen.

Am 20. Juni griff Oberst Schmidt mit zwei Colonnen,
die gegen die beiden Thore dirigirt wurden, Perugia an. Die
Vertheidiger, welche hinter der Stadtmauer postirt waren, gaben
einige Schüsse aus den in der Stadt befindlichen Geschützen
ohne Wirkung und zogen sich, als sie das entschlossene Darauf-
losgehen der angreifenden Truppen sahen, von der Mauer
zurück, ohne die Thore zu öffnen. Die Drohungen des Obersten

Schmidt, dieselben durch die Artillerie einschießen zu lassen, bewirkte, daß sie geöffnet wurden. Die nun einziehenden Truppen fanden hinter Barricaden noch Bewaffnete und gaben auf dieselben Feuer, das jedoch sogleich schwieg, als sich eine weiße Fahne entfaltete. Nach der Besitznahme der Stadt errichtete der Oberst Schmidt ein Kriegsgericht, allein die Urheber und Leiter der Revolution waren bereits, wie gewöhnlich, entflohen, weshalb der Stadt eine Contribution, theils zu Gunsten der Soldaten, theils zu Gunsten der Staatskasse auferlegt wurde, an der die Geflüchteten mit ihrem Vermögen Theil nehmen mußten.

Dies sind in Wahrheit die Gräuel von Perugia, welche die piemontesische Regierung und deren Organe von nun an zur Aufregung und Anreizung fortwährend im Munde führten.

Am 18. Juni suchten die Bewohner von Ancona den Delegaten zu zwingen, sich für die nationale Sache zu erklären, und bedrohten ihn, als er dieses verweigerte. Die wenigen päpstlichen Artilleristen, welche sich damals in Ancona befanden, zogen sich in die Citadelle zurück, während der Delegat die Stadt verließ. Eine unter Leitung des Grafen Cresci sich bildende Regierungs-Commission berichtete an Victor Emanuel die Wünsche der Stadt. Da erschien der päpstliche General Allegrini, welcher mit einer mobilen Colonne Umbrien durchzogen und die Ruhe in dieser Provinz vollkommen aufrecht erhalten hatte. Dieser General glaubte in dem milden, stets zur Versöhnung geneigten und allem Blutvergießen fremden Geiste seines erhabenen Souverains zu handeln (Worte des preußischen Consuls in Ancona), indem er, ohne die Entscheidung der Waffen zu suchen, sich mit seinen Truppen in die Citadelle begab und die Revolution in der Stadt austoben ließ. Dies geschah sehr bald, denn bei der Nachricht vom Anrücken des General Kalbermatten lieferten die Anconitaner freiwillig alle Waffen an den General Allegrini ab und fügten sich später

ruhig in die Anordnungen Kalbermattens, der den Belagerungszustand erklärte.

Die geringe Theilnahme der Bevölkerung in der Romagna
an der nationalen Bewegung erschreckte die Leiter derselben,
und der Marquis Pepoli begab sich verschiedene Male zu
Napoleon III., ohne von ihm bestimmte Zusicherungen erhalten
zu können. Allein Cavour hatte bereits alles eingeleitet. Nach
verschiedenen Veränderungen wurde endlich Farini zum Gene-
ral-Gouverneur und General Fanti zum Commandanten der
Truppen in der Emilia ernannt, welcher nach dem Abzuge
der Schweizertruppen sogleich an den Grenzen der Catolica
mit seinem Corps von 50,000 Mann eine Vertheidigungsstel-
lung einnahm. Die Mitglieder des Appellationsgerichtes in
Bologna reichten sämmtlich ihre Entlassung ein.

Unter solchen Maßnahmen wurde die Volksabstimmung
vorbereitet. Sie fand statt, und Piemont nahm Besitz von
den Herzogthümern und den Legationen des Kirchenstaats
(Romagna).

Diese Eventualität schien dem Kaiser Napoleon nicht
genehm; er sah voraus, daß die ohne allen Grund geschehene,
widerrechtliche Beraubung, die an dem weltlichen Besitz des
Oberhauptes der katholischen Kirche begangen wurde, die ganze
katholische Christenheit in Allarm bringen mußte; das streng-
gläubige katholische Frankreich hieß sie nicht gut und bereitete
ihm dadurch mannigfache Unbequemlichkeiten. Er, der durch
den Willen des Volkes Erwählte, durfte die Wahl eines
anderen Volkes nicht negiren, gleichwohl durfte er die Bewegung
seiner Unterthanen für die Interessen des Oberhauptes der
katholischen Kirche nicht außer Acht lassen, doch mit seiner
unübertrefflichen Schlauheit fand er die Lösung darin, daß er
zwar die geschehene Thatsache (fait accompli) anerkannte, aber
ohne alle Garantie, indem er erklärte, daß er an den Friedens-

bedingungen festhalten wollen, jedoch die bedeutende Vergrößerung des Nachbarstaates ihm die Verpflichtung auferlege, Frankreichs Schutz zu erhöhen, was nur durch den Besitz der östlichen Alpenabhänge, d. h. durch den von Savoyen und Nizza geschehen könne. So sehr auch die italienischen Patrioten gegen eine solche Zumuthung waren, sie mußten sich doch dem Verlangen des Kaisers fügen. Aber der großherzige Kaiser wollte nicht den Besitz eines Landes, dessen Bewohner nicht freiwillig seine Unterthanen sein mochten. Trotz der großen Masse von Adressen, welche von Savoyen und Nizza nach Paris gelangten, sollte der Welt gezeigt werden, daß die Bewohner des Stammlandes Victor Emanuels und der Geburtsstadt Garibaldis sich nach dem Augenblick sehnten, wo sie aus Italienern Franzosen würden. Die Abstimmung fand statt, und der Kaiser nahm beide Provinzen in Besitz und vereinigte sie auf ewige Zeiten mit Frankreich.

Der Staatssecretair, Cardinal Antonelli, protestirte natürlich gegen die Einverleibnug der nördlichen Provinzen des Kirchenstaats mit Piemont.

Dieser gewandte Staatsmann wußte sehr genau, daß die bis dahin vollständig zur Aufrechterhaltung der Ruhe im Lande selbst ausreichende Armee, der durch piemontesischen Einfluß hervorgebrachten Revolutions-Stürme nicht mehr Meister werden würde, und dachte deshalb an die Vergrößerung des Heeres. Die Gemeinsamkeit der Interessen leitete seinen Blick auf Oesterreich, und der Kaiser Franz Joseph gestattete die Werbung für die päpstliche Armee in seinen Staaten in der Art, daß die Landesbehörden von der Etablirung der Werbedepots vorher in Kenntniß gesetzt werden mußten. Der pensionirte k. k. Feldmarschall-Lieutenant Baron von Meyrhofer stellte sich aus Interesse für die katholische Sache freiwillig an die Spitze der Werbung und wirkte dadurch wegen seiner in Oesterreich allbekannten Persönlichkeit sehr günstig, nicht nur in Bezug auf die Betheiligung, sondern auch auf die Beurtheilung. Von Seiten der päpstlichen Regierung war der Nunciatur in Wien der päpstliche Hauptmann Engelbert Baron von Brackel, ein Preuße, der früher auch in der preußischen Armee gedient, als Director des Central-Werbedepots zugetheilt, unter dessen umsichtiger Controlle Offiziere, welche der Nuntius provisorisch ernannte, in Lemberg, Krakau, Brünn, Prag, Linz, Salzburg, Insbruck, Gratz, Laibach, Agram, Wien und Triest die Werbung leiteten.

Der Haß gegen Piemont, welches dem von seinen Bewohnern specifisch verehrten Vaterlande im vergangenen Jahre so erfolgreich getrotzt hatte; die Verehrung für das Oberhaupt der Kirche, welche durch die Geistlichkeit stets wach gehalten wurde; locale Verhältnisse, welche durch Mißernten oder Arbeitseinstellungen herbeigeführt waren; endlich die eingetretene Reducirung der Armee und die Auflösung der Freiwilligen-Bataillone: alle diese Umstände führten eine große Masse von Leuten in die Werbedepots, wo ihre Tauglichkeit zum Militairdienst durch Aerzte geprüft und ihre Engagirung vollzogen wurde. Es durften nicht engagirt werden: alle dem Militairstande noch angehörige oder im Reserveverhältniß sich befindende Personen, imgleichen solche im Alter von 17 bis 26 Jahren, welche noch nicht zur Einstellung in die österreichische Armee gekommen, wenn sie nicht für dieselbe als untauglich erklärt oder sich freigeloost hatten. Die österreichischen Polizeibehörden übten die Controlle für die Erfüllung dieser Bedingungen und stellten für die als Arbeiter nach den päpstlichen Staaten „Angeworbenen", nachdem sie in den Werbedepots für den Dienst in der Armee Seiner Heiligkeit verpflichtet waren, Pässe auf vier Jahre — Dauer des Engagements — aus.

Bei dem guten Fortgang der Werbung mußte auch an die Bildung eines Offizier-Corps gedacht werden. Wenn man in der ersten Zeit bei dem Mangel an geeigneten Bewerbern nicht die gehörige Sorgfalt in der Auswahl vorwalten ließ, so wurde man bald durch den Andrang von tüchtigen Offizieren aus der Armee selbst und aus den ersten Familien Oesterreichs darin difficiler. Schon Anfang 1860 konnte man in Ancona mit Organisation der Cadres beginnen.

Zur Durchführung der Bestimmungen des Friedens von Zürich hatte Napoleon, der die alleinige Verantwortlichkeit für die mit seinem Willen und Wissen in Italien vorbereitete Annexion der Herzogthümer und der Romagna gern von seinen Schultern wälzen wollte, einen europäischen Congreß in Vorschlag gebracht. Im Dezember 1859 erschien aus der Feder desselben Herrn de la Guéronnière, der den Schmerzensschrei Italiens der öffentlichen Meinung zergliedert vorgelegt hatte, eine neue Broschüre, betitelt „der Papst und der Congreß", in welcher wiederum der öffentlichen Meinung die Ansicht octroyirt wird, daß die Herrlichkeit des Oberhauptes der katholischen Kirche um so größer, je kleiner das Gebiet sei, in welchem der Papst Souverain ist.

Diese Broschüre brachte eine gewaltige Aufregung unter der katholischen Bevölkerung des Erdkreises hervor. Der heilige Vater selbst sah sich veranlaßt, beim Empfange der französischen Offiziere am 1. Januar 1860 einige darauf bezügliche Worte zu sprechen, welche den Kaiser erschreckten. In einem darauf an den Papst gerichteten Briefe lehnte er alle Gemeinschaft mit der Broschüre ab und erbot sich, den gegenwärtigen Besitz der päpstlichen Staaten zu garantiren, wenn der Papst in die Abtrennung der Romagna willige. Die Antwort Pius IX. konnte nicht zweifelhaft sein. Er habe, schrieb er, bei seiner Erhebung auf den Stuhl Petri geschworen, die Integrität des Kirchenstaates zu erhalten; es verlange dies das Interesse aller Katholiken, und deshalb könne und werde er nie in die Abtrennung der Romagna willigen. Die in dieser Beziehung von

den fremden Cabineten, namentlich dem französischen gemachten
Bemühungen scheiterten aus demselben Grunde. Ein Brief
des Königs Victor Emanuel an Pius IX. enthielt in wirklich
naiver Weise den Vorschlag, ihm nicht nur die Romagna, son=
dern auch Umbrien gegen Anerkennung der Suzeränität des
Papstes in diesen Provinzen abzutreten. Auf einen solchen
Vorschlag konnte der heilige Vater natürlich nur erwidern,
daß er Gott von ganzer Seele bitte, den König endlich zu
erleuchten und ihn erkennen zu lassen, wie frevelhaft er handle.

Alle diese Sachen waren sichere Anzeichen, daß der Kir=
chenstaat einen Angriff von außerhalb zu erwarten habe, der
ihn in seinem Besitzstande bedrohe.

Cardinal Antonelli, der die Verstärkung der Armee zur
Niederhaltung der Revolutionsstürme im Inneren unternommen
hatte, war daher besorgt, einen General zu wählen, der die
Armee auch dem äußeren Feinde entgegenführen könne. Schon
dachte man an die Wahl eines österreichischen Generals als
Ober=Commandanten der päpstlichen Armee, als der Mon=
signore Graf Xaver de Merode, ein belgischer Geistlicher und
Kammerherr des Papstes in Rom, eine hervorragendere Rolle
zu spielen anfing und die Aufmerksamkeit auf den General de
la Moricière lenkte.

Graf Merode hatte in seiner Jugend die militairische
Laufbahn erwählt und war in der belgischen Armee bis zum
Capitain avancirt. Während eines Urlaubes hatte er an einem
Feldzuge in Afrika unter de la Moricière Theil genommen
und war dort mit ihm befreundet worden. Jetzt hielt er im
Gegensatz zum Cardinal Antonelli das Erbe Petri nur gesichert
durch den Schutz von Freiwilligen französischer Nationalität
unter Führung eines französischen Generals. Beide Männer
trachteten nach der Erhaltung der Integrität des Kirchenstaats,
nur waren ihre Mittel dazu ganz verschieden. Antonelli er=
achtete physische Kraft für nothwendig, Merode suchte moralisch

zu imponiren; jener strebte die Unterstützung Oesterreichs in Allem, was auf den Kampf Bezug hatte, an, dieser bemühte sich durch den Namen de la Moricière in Frankreich Opposition gegen die Politik des Kaisers hervorzurufen. Beide brachten Opfer; Antonelli, indem er die Leitung des Kriegsministeriums ohne allen Vorbehalt an Merode überließ, und dieser, indem er einen nicht unbeträchtlichen Theil seines Vermögens dazu hergab, die Familie des Generals de la Moricière zu versorgen, falls aus dessen Annahme des Oberkommandos irgend welche Gefahr für sein Leben entstehe. Damit war die Sache entschieden. Oesterreich hätte vielleicht gewünscht, einem österreichischen Generale die Truppen anvertraut zu sehen, die ihrer größten Mehrzahl nach aus Oesterreichern bestanden; aber der Klang des Namens de la Moricière drängte alle Wünsche in den Hintergrund und änderte nichts in der Bereitwilligkeit zur Unterstützung mit allem möglichen Kriegsmaterial. Der Kaiser Napoleon dagegen fühlte die Wichtigkeit der Uebernahme des Obercommandos durch de la Moricière. Pius IX., der den Kaiser nicht erzürnen wollte, bat, nachdem de la Moricière bereits in Rom angekommen war, Napoleon III., dem General die Genehmigung zur Uebernahme des Obercommandos zu ertheilen, was auch geschah. Man hätte nun erwarten sollen, daß de la Moricière, gleichsam mit Genehmigung des Kaisers an die Spitze der päpstlichen Armee gestellt, sich auch der Unterstützung desselben bei seiner schwierigen Aufgabe zu erfreuen haben würde, allein der General war ein politischer Gegner des Kaisers, und dieser suchte durch die Aufstellung des Princips der Nichtintervention den Nachtheilen vorzubeugen, welche für ihn aus dem Schritte de la Moricières entstehen könnten. Wir werden unten zu zeigen Gelegenheit haben, wie der Kaiser absichtlich bemüht gewesen, den Ruf de la Moricières zu vernichten, indem durch falsche Vorspiegelungen von Unterstützung bei diesem vergebliche Hoffnungen erweckt wurden, ein Verfahren, das in offener Rede im Beisein des Kaisers durch den Marschall Pelissier einem bitteren Tadel unterlag.

Betrachten wir hier den Mann genauer, welcher die Aufmerksamkeit von ganz Europa in jenem Augenblicke auf sich zog. Christoph Léon Louis Juchault de la Moricière wurde den 5. Februar 1806 geboren. Sein Vater, ein Legitimist, bestimmte ihn für den Militairstand. Auf der polytechnischen Schule zu Paris und der Artillerie-Schule zu Metz wurde er für denselben vorbereitet. Tüchtige Studien und besondere Fähigkeiten zeichneten ihn dort aus. 1830 trat er als Lieutenant beim Genie-Corps in die Armee und wurde unmittelbar nach der Eroberung von Algier zur Armee nach Afrika versetzt, das er nicht früher verließ, als bis er die höchsten militairischen Würden erlangt und sein Name in ganz Europa mit Achtung und Bewunderung genannt wurde. Bei der Bildung der Zouaven wurde er als Hauptmann in diese Truppe versetzt und trat aus derselben erst, als die Regierung bei der Organisation der sogenannten arabischen Bureaux ihn zum Beamten in denselben ernannte. Nachdem er in dieser Eigenschaft eine Zeitlang thätig gewesen, trat er als Bataillons-Chef in die Armee zurück, in welcher er 18 Feldzüge mitmachte, wobei seine Tapferkeit und Intelligenz bemerkt wurde. Besonders zeichnete er sich durch die Erstürmung von Constantine und in den Gefechten von Tagdempt und Maskara und in dem schweren Feldzuge aus, der auf die Schlacht am Isly folgte. Unter solchen Umständen konnte es nicht ausbleiben, daß er schnell von Grad zu Grad stieg und endlich, als er das Glück hatte, Abd-el-Kader so in's Gedränge zu bringen, daß dieser gezwungen war, sich dem Herzog von Aumale zu ergeben, zum Generallieutenant befördert wurde. Darauf kehrte er nach Frankreich zurück und trat als Abgeordneter für St. Calais in die zweite Kammer, wo er sich der Partei der dynastischen Oppofition anschloß und deshalb die wohlverdiente Marschallwürde nicht erhielt.

Im Februar 1848 stand er fest zu Louis Philipp. Er schlug diesem Könige vor, ihm unbedingte Vollmacht zu geben, worauf dieser jedoch nicht einging. Nichtsdestoweniger machte de la Moricière dennoch am 24. desselben Monats Vermittelungsversuche zu Gunsten der Orleans, wobei er fast vor den Tuilerieen erschlagen worden wäre. In den darauf folgenden Nationalversammlungen gehörte er zur gemäßigten Partei und übernahm beim Juniaufstande einen Truppenkörper, mit dem er die Vorstadt Poissonnière und die Umgegend der Bastille unterwarf. 1849 ging er als Gesandter der Republik nach Petersburg, wo er jedoch nicht lange blieb, da er mit der Verwaltung, die auf das Ministerium Odilon Barrot folgte, Nichts zu thun haben wollte. Früher hatte er gegen den Präsidenten keine Opposition gemacht, als er aber nach seiner Rückkehr von Petersburg die Pläne desselben durchschaute, trat er diesen energisch entgegen, weshalb er wie viele andere Generäle und Staatsmänner in der Nacht vor dem 2. December verhaftet und nach Ham geführt wurde. Von dort wurde er mit Polizei-Agenten nach Coele gebracht. Aus Frankreich verbannt, weil er sich weigerte die Verfassung des Kaiserreichs zu beschwören, lebte er in Brüssel, bis der Tod seines Sohnes, der sich mit der Mutter in Paris befand, den Kaiser bewog, ihm die Rückkehr zu gestatten.

Dies war der Mann, welcher das Obercommando über die päpstliche Armee übernahm; sein Ruf schien Garantie für den glücklichen Erfolg, und die ganze katholische Christenheit, welche mit Besorgniß die Gefahr betrachtet, in der die Unabhängigkeit ihres Oberhauptes schwebte, glaubte jetzt beruhigter der Entwickelung der Dinge entgegensehen zu können; sein Name enthob das Unternehmen des specifisch-österreichischen Charakters und gab ihm einen allgemeinen, den eines

Kreuzzuges. Aus allen Ländern Europa's, ja selbst aus Amerika strömten Leute herbei, um sich unter seine Fahne als Kämpfer für die bedrohten Interessen des Oberhauptes der Kirche zu stellen, und bald zeigten neben der allerdings überwiegenden Masse von Oesterreichern auch die franco-belgischen und irischen Bataillone die Lebenskraft der katholischen Kirche.

Wir wollen von nun an die Thätigkeit de la Moricière's zur Erreichung der an seinen Namen geknüpften Hoffnungen betrachten, um darzuthun, wie sehr sein Ruf hinter seinem Verdienst zurückstehe; wir wollen zeigen, daß diese Thätigkeit bereits zu den schönsten Hoffnungen berechtigte, als der Kaiser Napoleon den wohlbegründeten Ruf des Generals zu vernichten versuchte.

Mit folgendem Tagesbefehle trat der General an die Spitze der päpstlichen Armee:

Soldaten!

Seine Heiligkeit der Papst Pius IX. haben geruht, mir die Ehre des Commando's über euch anzuvertrauen, um seine mißachteten und bedrohten Rechte zu vertheidigen. Ich habe keinen Augenblick gezaudert, meinen Degen wieder zu ergreifen.

Mit Aufregung und Spannung horchen die Katholiken des ganzen Erdkreises auf die Klänge der Stimme, welche von der Höhe des Vaticans herab ihnen die Gefahren verkündet, in denen das Erbe Petri schwebt. Das Christenthum ist nicht allein die Religion der ganzen Welt; es ist auch die Bedingung für das Fortleben der Civilisation selbst, deren Hüter das Papstthum ist.

Die Revolution bedroht heute Europa wie ehemals der Islam, und heute, wie ehemals, ist die Sache des Papstes die der Civilisation und der Freiheit in der Welt.

Soldaten habt Vertrauen und glaubt, daß Gott unsern

Muth unterstützen wird bei der hohen Sache, deren Vertheidigung er unsern Waffen anvertraut hat.

Rom, den 8. April 1860.

Der General-Ober-Commandant
de la Moricière.

Der Kirchenstaat war ein Friedensstaat. Natürlich war es daher, daß die Entwickelung der militairischen Interessen hinter der anderer Staaten sehr zurückgeblieben war. Um das Ansehen der Regierung im Innern aufrecht zu erhalten, genügten wenige Truppen, zumal nach der Revolution von 1849 die Franzosen Rom besetzt und die österreichischen Garnisonen nach Bologna und Ancona zurückgekehrt waren. Die wenigen päpstlichen Truppen wurden mehr zur Constatirung der Souverainetät, als zur Landesvertheidigung gehalten und waren Soldtruppen. Der Charakter der Italiener, welcher vor jeder Gefahr zurückschreckt, sobald sie ein offenes Auftreten bedingt, macht sie zu guten Soldaten nicht geeignet und begründet überhaupt eine Abneigung gegen den Militairstand, ausgenommen bei den Norditalienern, welche durch langjährige Gewöhnung in der österreichischen Armee und durch die in dieser mitgemachten Kämpfe oder durch die bei der piemontesischen Armee erlangte Kriegsgewohnheit, Muth und Selbstvertrauen und damit Lust zum Kriegshandwerk gewonnen haben.

Dem Charakter ihrer Unterthanen Rechnung tragend, hatten die Regierungen von Rom und Neapel sich Soldheere geschaffen, die zum Theil in der Schweiz rekrutirt wurden, zum Theil aus solchen Eingeborenen (Indigeni) bestanden, welche die Lust oder irgend ein anderer Grund zum Soldatenstande trieb. Daß diese Soldtruppen bei Revolutionen ganz nach dem Willen der Regierung, an die sie durch Auszeichnungen und reichliche Belohnungen geknüpft waren, handelten und gegen die Empörer streng verfuhren, erscheint natürlich; nichtsdestoweniger sah die Bevölkerung dieselben, die durch langjährige Gewöhnung sich immer mehr und mehr assimilirten, lieber, als die Franzosen und Oesterreicher. Das Fortbestehen der Soldtruppen hielt man für eine, die Unterthanenpflicht erleichternde Nothwendigkeit, die Fortdauer der fremden Garnisonen für eine drückende und demüthigende Beschränkung.

Die Armee zählte bis zum Jahre 1860 außer den Auxiliar-Truppen, einer Art Landwehr,

Generalstab, Platzstäbe, Administration	110 Mann
Regiment Artillerie	930 "
Eingeborene Truppen (Indigeni):	
2 Regimenter Infanterie	2860 "
2 Bataillone Jäger (Cacciatori) . .	1580 "
Genie-Corps	40 "
Gensd'armerie, die nach den Provinzen in Legionen (Bataillone und Schwadronen) getheilt waren	4000 "
Cavallerie	200 "
Fremde Truppen (Esteri):	
2 Regimenter Infanterie	4500 "
1 Bataillon Carabinieri	1500 "
1 Batterie Artillerie	150 "
	15,870 Mann.

Die Truppen hatten französische Organisation und französisches Reglement; das Commando wurde für die eingeborenen in italienischer, für die fremden in französischer Sprache gegeben. Der Staat selbst war in militairischer Beziehung wie Frankreich in Subdivisionen getheilt, denen eine zahlreiche Intendanz, dagegen kaum die erforderlichen Sanitätsbeamten zugeordnet waren. Die Bekleidung, welche der Mann aus seinen Massegeldern bestritt, war gut und nach französischem Muster angefertigt; die gute Verpflegung war, wie in Frankreich, Hauptaugenmerk der Vorgesetzten; allein die Bewaffnung war den Anforderungen der Neuzeit durchaus nicht entsprechend. Alte, schlechtgehaltene glatte Percussionsgewehre waren in den Händen der Truppen. Freilich konnte bei dem Gange der Ausbildung, den die Truppe durchmachte, eine bessere Bewaffnung auch nichts helfen, indem nur die nothwendigen Paradeformen Gegenstand der eifrigsten Uebung waren, während Schießübungen nur als Nebensache betrachtet wurden. Die Armee war nur zur Verherrlichung pomphafter Feierlichkeiten, zum Schutze gegen das Banditenwesen, allenfalls gegen empörte Ortschaften zu gebrauchen. Der Friedensstaat legte keinen Werth auf die feldgemäße Ausbildung seiner Armee, da ein Krieg mit einem auswärtigen Staate nicht denkbar schien. Die Person des Commandeurs hatte allerdings Einfluß, nicht allein auf Disciplin und Geist, sondern auch auf die Ausbildung der Truppe, wie dies beim 1. Linien-Regiment (Indigeni) unter Commando des Obersten, jetzigen Generals Kanzler, eines Badensers, zu bemerken war; allein die Commandeure wurden nicht immer aus den tüchtigsten und fähigsten Offizieren genommen, sondern auf Fürsprache ernannt, die nicht selten aus der Küche oder dem Vorzimmer des Ministers oder eines Cardinals kam. Es erregte kein Befremden, wenn gewisse Stellungen vom Bruder auf den Bruder, vom Onkel auf den Neffen oder gar vom Vater auf den Sohn übergingen.

Die Artillerie hatte unbeholfenes Material verschiedener Construction; ihre Fertigkeit im Schießen war sehr gering; die Uebungen ermangelten der Gründlichkeit. Die Arsenale entbehrten einer geordneten Verwaltung.

Die Cavallerie war mit ziemlich guten Pferden versehen, doch ritt sie schlecht und hatte keine Kenntniß von den Vortheilen einer guten Pferdewartung.

Die Gendarmerie war eine gute und zuverlässige Truppe, welche nicht bloß den Polizeidienst ausübte, sondern auch zum Zwecke der Landesvertheidigung in Bataillone und Schwadronen formirt war.

Diese Armee zu reorganisiren und felddienstfähig zu machen, unternahm der General de la Moricière. Das nöthige Material zur Verstärkung lieferten die Werbungen und Zuzüge aus Oesterreich, Deutschland, Polen, Frankreich, Belgien, Irland und Amerika; Pferde ließ de la Moricière durch den Stallmeister der päpstlichen Armee, Graf Cotodon (Franzose), in Oesterreich ankaufen. Leider war die Wahl dieses Mannes zu dem Geschäft keine glückliche; denn durch dessen Sorglosigkeit kamen nur wenige Transporte von den angekauften Pferden vor der Blocade bis Ancona, weshalb man während des Feldzuges daran Mangel litt und sich aufs nothbürftigste behelfen mußte.

Das todte Material zur Ausrüstung wurde theils geschenkt (Souveraine und Privatleute schenkten zu verschiedenen Malen dem Papste Kriegsmaterial), theils von Oesterreich gekauft, theils im Lande gefertigt.

Auf diese Anfertigung richtete de la Moricière ein besonderes Augenmerk, einmal um sie zu beschleunigen, dann aber um sie so gut, wie möglich, vollführen zu lassen. Die zahlreiche Intendantur, welche bis dahin nach eignem Willen die Arbeiten vergeben und das gefertigte Material allein abgenommen hatte, sah sich bald dabei durch Commissionen von sachverständigen, fremden Offizieren beschränkt und ward bald inne, daß jede Verschleppung und Verzögerung vom General auf's Strengste untersucht und bestraft wurde.

Die neuen Truppenkörper erhielten französische Formation und französisches Dienstreglement; französisches Commando sollte in der ganzen Armee eingeführt werden. Da jedoch eine solche Einführung Offiziere wie Soldaten, welche meist schon in der österreichischen Armee gedient hatten, von Neuem zu Rekruten gemacht haben würde, so änderte man auf Antrag österreichischer Offiziere jene Absicht und führte, unbeschadet der französischen Organisation, bei den deutschen Truppen österreichisches Exerzier-Reglement ein. Die aus den Freiwilligen französischer, respective belgischer Nationalität gebildeten Truppenkörper enthielten durchweg intelligente und gewandte Leute aus allen Ständen, ja sogar aus den besten Familien Frankreichs und Belgiens. Französische, belgische, holländische Offiziere quittirten den Dienst und wurden in Rom für das Bataillon Tirailleurs (Franco-Belgier) angestellt; französisches Reglement brachte bald feste Disciplin in diese Truppe; es wurde ohne viele Anstrengung ein Bataillon geschaffen, das bei Castelfidardo sich Lorbeern erkämpfte, obgleich es keine sogenannten alten Soldaten (vieux troupiers) hatte. Nach dem unglücklichen Feldzuge haben sich die meisten Soldaten dieses Bataillons wieder in Rom eingefunden, wo sie gegenwärtig unter dem Namen der päpstlichen Zouaven die größte Sorgfalt des Kriegsministers genießen und wöchentlich einen bedeutenden Zuzug von Franzosen und Belgiern aus guten Familien erhalten.

Anders war es mit den irischen Truppen. Religionseifer führte die Irländer schaarenweise in die durch das irische Comité, an dessen Spitze der österreichische Feldzeugmeister Graf Nugent stand, geheim etablirten Werbedepots, wo sie der aufmerksamen englischen Polizei gegenüber als Arbeiter nach Deutschland, Oesterreich oder Italien engagirt wurden. Nur wenige englische Offiziere irischer Nationalität fanden sich ein, dagegen aber eine große Menge junger irischer Gentlemen, welche ein Offizier-Patent nach englischen Begriffen beanspruchten und es auch erhielten. Die wenigen gedienten englischen Offiziere waren allein nicht im Stande, die völlig rohen Massen der irischen Freiwilligen zu organisiren und zu discipliniren, weshalb Graf Nugent auf ein Auskunftsmittel verfiel, welches von den ersprießlichsten Folgen für die Tüchtigkeit der Irländer hätte werden müssen. Die in der österreichischen Armee als Offiziere dienenden katholischen Engländer und Irländer wurden nämlich aufgefordert, in die päpstliche Armee zu treten, und leisteten dieser Aufforderung meistens Folge.

Hierdurch wurde ein fester Kern zu einem Offiziercorps gelegt, und stand es zu erwarten, daß bei dem Eifer, womit die gewesenen österreichischen Offiziere sich der Ausbildung ihrer jüngeren Kameraden und der Organisation der Mannschaft unterzogen, mit der Zeit eine recht tüchtige Truppe aus dem völlig rohen Material werden würde. Oesterreichisches Exerzier-Reglement und französische Dienstvorschriften in's Englische übertragen, bildeten den Grundstein, auf dem die einzelnen Truppenglieder zu einem tactischen Ganzen zusammengefügt werden sollten; leider war die Zeit zu einer regelrechten Ausbildung zu kurz, und man konnte bei dem Feldzuge aus dem vortrefflichen Material nur wenig Nutzen ziehen. Wo es zum Bajonett kam, da wurden die Irländer verwendet.

Feste Plätze besaß das Land eine große Masse in seinen Städten, welche fast sämmtlich auf Bergeskuppen gelegen und mit Mauern nach der in der Fortification unter dem Namen „italienische Manier" bekannten Art versehen sind. Besonders armirt und besetzt waren nur die Forts von Pesaro, St. Leo, Perugia und Spoleto, mittelalterliche Castelle und ohne alle Wichtigkeit bei der Kriegführung der Neuzeit; doch die Armirung war nothdürftig und schlecht; die Geschützröhre waren alt und verbraucht; die Laffetirungen paßten fast in keinem Falle zu dem Geschützrohr, das in ihnen lag, und waren alt und gebrechlich; der Mangel an Zubehör war so stark, daß man sich vergeblich zu erklären suchte, wie die Geschütze geladen, gerichtet und abgefeuert werden sollten. Die bessernde Hand des Ingenieurs oder die Geschicklichkeit des Pioniers war bei diesen Forts nicht zu bemerken.

Ancona, durch die günstige Lage am adriatischen Meere und durch einen guten Hafen der wichtigste Handelsplatz des Kirchenstaats, war mit Ausnahme von Civita Vecchia, welches die Franzosen besetzt hielten, die einzige Festung desselben. Ursprünglich von Papst Innocenz X. angelegt, war es durch die Franzosen und Oesterreicher in seinen Werken erweitert und vervollkommnet worden. Die Oesterreicher hatten ihre letzten Bauprojekte nicht zur Vollendung bringen können und ließen bei ihrem Abzuge mehrere wichtige Vorwerke, im Bau begriffen, zurück. Statt dieselben zu vollenden und die übrigen Werke im Stande zu halten, war nichts geschehen; der Verfall machte sich überall bemerklich. Das Ansehen dieses unbedingt wichtigen Platzes flößte dem Militair Zweifel an der Widerstandsfähigkeit desselben ein.

Die Armirung war unvollständig und das dazu verwendete Material, mit alleiniger Ausnahme des von den Oesterreichern zurückgelassenen, vollständig unbrauchbar. Selbst dieses war theils durch Nachlässigkeit, theils durch Unwissenheit verkommen; Munition war nur in geringem Maße und ungeordnet vorhanden und in Räumen untergebracht, welche durch den Verfall mehr oder minder ihre bombenfeste Eigenschaft verloren hatten.

In Hinsicht der Sanitätseinrichtungen war nur dem Friedensbedürfnisse Genüge geleistet worden; die Kasernements wurden von den auf ihren Vortheil bedachten Beamten der Intendantur schlecht gehalten, und die von den Oesterreichern zurückgelassenen Bestände der Proviantirung waren durch Auction in Privathände übergegangen, ohne daß die päpstliche Intendanz an einen Ersatz gedacht hatte.

Nach der Bestimmung des Kirchenstaats als Friedensstaat, waren seine inneren Communicationen nur nach den Friedensbedürfnissen, ohne alle Rücksicht auf militairische Combinationen und Zwecke ausgeführt. Die großen Straßen allein waren für Geschütz und schweres Fuhrwerk practicabel. Die kleinen Wege waren ohne alle sachverständige Ausführung gefahrdrohend angelegt und über alle Begriffe schlecht unterhalten. Eisenbahnen, diese mächtigen Mittel der Kriegführung, waren nicht vorhanden, ausgenommen die von Civita Vecchia nach

Rom und von Rom nach Frascati, welche jedoch auf das muthmaßliche Kriegstheater ohne allen Einfluß bleiben mußten. Dies war der Zustand der Vertheidigungsmittel des Kirchenstaats, als de la Moricière, dem Ruf des heiligen Vaters Folge leistend, den Oberbefehl über die Truppen des Papstes übernahm.

Die Armee kriegsgeschickt zu machen, die Vertheidigungsmittel, so weit sie noch zu gebrauchen waren, in Stand zu setzen und neue zweckentsprechende zu schaffen, war von da ab das eifrigste Bemühen des berühmten Generals; allein welche Hemmungen stellten sich ihm entgegen.

Zwar Oberbefehlshaber, konnte er doch die Schwierigkeiten des schleppenden Geschäftsganges nicht ganz beseitigen und sah nicht selten wegen seiner Anordnungen Eifersüchtelei in den Ministerien. Graf Merode, ein eifriger Verehrer de la Moricières, reservirte sich Rechte, die den Oberbefehlshaber beschränkten und seine Maßnahmen oft schwächten. Das Recht der Offizierernennungen und der Besetzung der Commandeurstellen war bis zum Monat August in den Händen des Kriegsministers, und erst nach vielfachen Protestationen in speciellen Fällen erhielt der General damals die Erlaubniß (facoltà) zur provisorischen Ernennung von Offizieren und Commandeuren. Die anderen Ministerien verwahrten sich hartnäckig gegen Eingriffe in ihr Ressort, und wenn man auch die guten Absichten de la Moricières in solchen Fällen nie bezweifelte, so war das zahlreiche Beamtenpersonal auf seine Rechte und Vortheile doch zu eifersüchtig. Alle von de la Moricière zur Erhöhung der Wehrkraft getroffenen Maßregeln unterlagen, wie billig, der Genehmigung der Ministerien, wodurch sich ihre Ausführung oft sehr in die Länge zog. Man konnte bemerken, daß die Beamten sich nicht sehr beeilten, dem General willfährig zu sein. Gegen die Beamten der Militairverwaltung trat der General alsbald mit großer Strenge auf und brachte dadurch mehr Rührigkeit und Willfährigkeit unter sie.

Der Zustand der Armee und der Vertheidigungsmittel konnte natürlicher Weise dem General keine besondere Achtung vor der Fähigkeit der päpstlichen Offiziere abnöthigen, und bildete er sich deshalb einen Stab aus französischen Offizieren, deren Tüchtigkeit oder redlicher Wille ihm bekannt war.

Der Chef und die Seele dieses Stabes war der Obristlieutenant Blumenstiel, Elsasser von Geburt, ein sehr befähigter Offizier, welcher Capitain in der französischen Artillerie und Commandant des Trains der französischen Truppen in Rom gewesen war. Außer den Capitains von Marmont, Herzog von Ragusa, von Chevigné und Catelineau befand sich in dem Stabe des Generals auch der Capitain Graf Quatrebarbes. Dieser Mann, älterer Offizier als de la Moricière, hatte in seinen Jugendjahren zugleich mit diesem in Afrika gefochten, dann sich ins Privatleben zurückgezogen und war jetzt gekommen, um unter seinem alten Waffengefährten, wie er sich ausdrückte, trotz seiner grauen Haare die Epauletts eines Capitains des Papstes zu tragen.

Zur Förderung der Interessen der Truppen war diesem Stabe je ein Offizier derselben zugetheilt; von den Schweizertruppen der Capitain Mortilleu, von den Bersaglieri (Deutschen) der Capitain Graf Palffy.

Ersterer, ein Mann von ruhigem und besonnenem Charakter, förderte die Interessen der Truppen, die er vertrat. Später hielt er als Oberst der Auxiliar-Truppen die südlichen Provinzen und namentlich die Enclave Benevent in Ruhe. Letzterer, ein junger Mann, hatte zu wenig practische Erfahrung, um mit Nutzen für die Organisation und Ausbildung der Bersaglieri wirken zu können. Laune und Leidenschaftlichkeit verleiteten ihn oft zu unüberlegten Schritten, die er dann später durch alle möglichen Concessionen wieder gut zu machen suchte. Trotzdem war ihm ein reger Eifer für die Sache selbst nicht abzusprechen. Dies mochte die Veranlassung gewesen sein, daß sein Bataillons-Commandant, der Oberst Heinrich Carl Graf von Coudenhove, ihn zum Adjutanten de la Moricières in Vorschlag gebracht, nicht ahnend, daß Palffy dadurch der Vertreter der Interessen der deutschen Truppen werden würde. Die einzige dazu geeignete Persönlichkeit war unserer Meinung nach der ebengenannte Graf Coudenhove. Bis zum Eintritt in päpstliche Dienste Commandeur eines österreichischen Ulanen-Regiments, standen ihm die Erfahrungen einer jahrelangen Praxis und ein redlicher Wille zur Seite. Er hatte Anfangs das Commando des zweiten Versagliere-Bataillons übernommen und war später als Repräsentant der deutschen Truppen ins Kriegsministerium berufen worden, in welcher Stellung er gar nichts wirken konnte, da er die Organisation, die vom Hauptquartier aus betrieben wurde, in ihren Fortschritten und Hemmnissen nicht zu beobachten im Stande war.

Als Ordonnanz-Offiziere und für besondere Aufträge umgaben den General die Guiden, ein Corps französischer Edelleute, commandirt durch de Bourbon Chalus. —

Die von dem Obergeneral unternommene Bereisung des ganzen Landes gewährte ihm ein klares Bild von der Verfassung desselben und gab seinen Plänen für die Herrichtung der Vertheidigungsmittel eine feste Form.

Die römischen Apenninen, welche am Monte Canaro anfangen, beim Monte Velino endigen und sich bis zu einer Höhe von 4000 Fuß erheben, durchziehen den Kirchenstaat der Länge nach und theilen denselben in eine westliche und östliche Hälfte. Die Verbindung zwischen diesen beiden Hälften vermitteln drei Straßen:

    1) die von Pesaro über Urbino, St. Angelo nach St. Sepolcro;
    2) die von Fanno nach Perugia;
    3) die von Ancona nach Foligno.

Zur Verbindung mit den nördlicher gelegenen italienischen Staaten dienen folgende Chausseen:
1) von Rom längs des Meeres über Civita Vecchia, Orbitello nach Livorno;
2) von Rom über Ronciglione, Viterbo, Sienna nach Florenz;
3) von Rom über Civita Castellana, Borghetto (Brücke über die Tiber) und über Terni, von wo sie sich in zwei Arme theilt, deren linker im Tiberbecken über Perugia nach Arezzo und weiter nach Florenz, deren rechter über die Apenninen durch das Herzogthum Urbino nach Fanno am adriatischen Meere führt.

An dieses Straßennetz hatten die bedeutendern Städte Zweigchausseen angeschlossen, während die kleineren mit demselben nur durch Wege von dem oben beschriebenen Zustande verbunden waren.

Der Obergeneral suchte die kleineren Gemeinden für die Herstellung einer gefahrlosen und bequemen Communication zu interessiren. Baumeister und Sachverständige legten nach seinen Ideen den Gemeinden Pläne dazu vor, welche meistentheils acceptirt wurden. Wo dies nicht geschah, halfen die Befehle des Generals dem guten Willen der Bevölkerung nach.

Garibaldi war im Mai in Sicilien gelandet. Die piemontesische Regierung, welche unzweifelhaft von diesem Unternehmen wußte, hatte dennoch vor ganz Europa dasselbe desavouirt. Die Vermuthung, daß Garibaldi sein Unternehmen auch weiter ausdehnen und auf dem Festlande, sei es in Neapel, sei es im Kirchenstaate, landen würde, lag zu nah, als daß de la Moricière gegen solche Eventualität nicht seine Maßregeln hätte ergreifen sollen, wodurch die Entwickelung seiner ursprünglichen Pläne nothwendigerweise modificirt werden mußte.

Dem General war nicht fremd, daß die Idee eines einigen Italiens ein durch alle Stände verbreiteter Traum sei, welcher seit länger als 50 Jahren durch die gesammte Literatur angeregt, im vorigen Jahre in das Bewußtsein des wachen Lebens getreten war.

Klarheit über die Vorzüge der Verwirklichung einer solchen Idee war nur in den bevorzugteren Kreisen der Gesellschaft vorhanden, während die übrige Bevölkerung in völliger Unkenntniß über Größen-, Raum- und Macht-Verhältnisse die Einigkeit als die Befreiung von allem ausländischen Einflusse betrachtete und heute mit enthusiastischem Eifer „Evviva Garibaldi" 2c. schrie und sang, wie sie in den Jahren 1846 bis 1848 mit eben solchem Eifer durch ganz Italien „Evviva Pio nono" 2c. geschrieen und gesungen hatte.

Das Volksverlangen hatte seinen unvermischten Ausdruck in Garibaldi gefunden, der rücksichtslos, wie jenes, ohne von Recht, von Convenienz, ja nur einmal von Zweckmäßigkeit Notiz zu nehmen, mit einem Haufen Fremder auf sein Ziel, die Beseitigung aller Binnengrenzen Italiens, losging.

Und eben, daß die Kämpfer für die italienische Einheit Fremde waren, beweist am besten, wie unklar den Italienern (der großen Masse) der Begriff derselben war. Sie wagten nicht Gut und Blut für die Idee, deren Durchführung sie als die Bedingung für ihr Fortleben anpriesen; aber sie leisteten den fremden Kämpfern für dieselbe allen möglichen Vorschub.

De la Moricière suchte sich deshalb so zu stellen, daß das Erscheinen Garibaldi's nicht im Stande wäre, einen bedeutenden Bezirk auf einmal zu insurgiren. Er echelonnirte alle bis dahin disponiblen Truppen auf der Linie von Corneto bis Ancona, vervollständigte die Armirung der kleinen Forts so weit es möglich war, und ließ kleine fliegende Colonnen — gewöhnlich in der Stärke von zwei Compagnien oder einem Bataillon — durch das Land marschiren. Die schleunigste Ausbesserung der Vicinalwege wurde den Communen befohlen und wegen der Dringlichkeit von der ursprünglich beabsichtigten kunstgerechten Ausführung abgesehen. Bald konnten alle Truppen, selbst leichte Artillerie, nach allen Ortschaften gelangen, wodurch dem General die Möglichkeit zur Ausführung seines Operationsplanes gegeben war. Er wollte den Gegner todt marschiren, d. h. überall erscheinen, wo der Gegner nicht war, um die Tricoloren abzunehmen und dafür wieder päpstliche Wappen aufzurichten.

Ein interessanter Krieg stand in Aussicht.

Auf der einen Seite ein General, der den Krieg in einer regulären Armee erlernt und seine Befähigung der Welt bereits dargethan, also einen begründeten Ruf hatte, ein Mann, durchdrungen von dem Recht, für das er nach langer Zeit der Zurückgezogenheit seinen erprobten Degen zog, und eine Truppe, leidlich disciplinirt und exerzirt, von welcher der größte Theil durch die oben bei Besprechung der Werbung angegebenen Interessen für die Sache begeistert war; auf der anderen Seite ein Führer, der sich in Amerika die Geschicklichkeit eines Parteigängers angeeignet und dieselbe in Europa schon öfter mit Erfolg gezeigt, ein Mann, der das Wohl seines Vaterlandes auf die Spitze des Degens stellte, und eine Truppe, welche theils aus übertriebenen Hoffnungen für eigne Nationalität, theils aus politischem Fanatismus, theils aus Abenteuerlust sich unter die Tricolore gestellt hatte. Auf der einen Seite de la Moricière, auf der andern Garibaldi; Ersterer wäre der Probirstein für das Feldherrntalent des Letzteren geworden. Es kam anders, wie wir unten zu zeigen Gelegenheit haben werden.

Die Maßregeln, welche der General de la Moricière getroffen, bewiesen sich bald als nicht überflüssig. Die piemontesische Regierung vertheilte mit großer Freigebigkeit Offizierpatente an alle päpstlichen Unterthanen, welche einige Leute als Freiwillige über die Grenze brachten. Viele, deren sociale Stellung nicht die beste war, benutzten diesen Umstand, um ihre Lage zu verbessern, so z. B. Masi, der aus

aus einem Oekonomen des Fürsten Torlonia piemontesischer Oberst wurde.

Zambianchi, ein ehemaliger Gefährte Garibaldi's bei der Vertheidigung von Rom (1849), wollte auch auf eigene Hand sich Ruhm verschaffen, sammelte solche von der piemontesischen Regierung patentirte Offiziere nebst ihrem Anhang und unternahm auf eigene Faust einen Einfall von Toscana aus in das päpstliche Gebiet. Der Oberst Graf Pimodan, der in Corneto stand, eilte auf die Nachricht von jenem Einfalle über Valentano nach Le Grotte, wo er den Feind gut verbarricabirt fand. Ein kühner Reiterangriff (Gendarmen) konnte in den Gassen von keinem Erfolge sein; die Infanterie mußte abgewartet werden, welche nach ihrer Ankunft am 18. Mai die Bande zur schleunigen Flucht über die Grenze nöthigte.

Neben den so eben erwähnten Maßregeln beschäftigte den Obergeneral die Sorge für den Ausbau und die Vervollständigung der Festungswerke von Ancona in hohem Maße und so sehr, daß er sich genöthigt sah, Anfangs Juli sein Hauptquartier dorthin zu verlegen. Bis dahin war dafür Nichts oder doch nur Principloses geschehen; von nun ab kam Princip in die Sache. Französische Ingenieure leiteten den Ausbau der beiden in Verfall gerathenen permanenten Außenwerke auf dem Monte Garbetto und Monte-Stefano und den Bau einer crenelirten Mauer zum Schutze der Communication zwischen ersterem und dem Monte Capuccino.

In den ersten Tagen seines Aufenthalts in Ancona besichtigte der General das in seiner Organisation gerade fertige dritte Bersaglieri-Bataillon, bei welcher Gelegenheit ihm diejenigen Offiziere vorgestellt wurden, die vermöge ihrer früheren Stellung im Genie- oder Marine-Corps der österreichischen Armee geeignet schienen, bei der Herrichtung Ancona's mit Nutzen verwandt zu werden. Wir wissen nicht, was den General bestimmt habe, unter diesen Offizieren gerade dem jüngsten, dem Capitain Graf Zichy, früher Fähnrich in der österreichischen Marine, die Leitung der erforderlichen Erdarbeiten und die Einrichtung der Hafenvertheidigung zusammen zu übertragen. Ihm gesellte sich freiwillig mit Genehmigung des Oberst Blumenstiel der Oberlieutenant von Pott zu, ein junger thätiger Infanterie-Offizier, der von der Militairakademie noch Reminiscenzen mit sich herumtrug, dem es jedoch an aller Praxis fehlte. Die alten Offiziere vom Genie und die sonst etwas von der Sache verstanden, konnten dem Eifer jener Herren nur alle Anerkennung zollen, mußten aber ihr Wirken für die Vervollständigung der Landbefestigung als ziemlich bedeutungslos erklären.

Graf Zichy organisirte eine sogenannte Auxiliar-Artillerie zum Zwecke der Herstellung der Erdarbeiten und der Armirung der Werke und überließ deren Leitung dann scheinbar dem Oberlieutenant von Pott, um sich ausschließlich mit den Marine-Angelegenheiten zu beschäftigen. Leute zur Bildung einer Matrosen-Division fanden sich unter den in Oesterreich Angeworbenen in hinreichender Zahl; Privatschiffe wurden angekauft und zu Kanonenbooten umgeschaffen; der Hafen wurde in seiner ganzen Breite durch Ketten gesperrt. Alle Arbeiten betrieb man mit großem Eifer, da die unausgesetzte Aufmerksamkeit des Generals ihn nicht erkalten ließ.

Drohend dominirte ein Berg, der Monte Pelago, die Südseite Anconas und wurde dadurch der Vertheidigung nothwendig. Unbedenklich hätte dort ein selbstständiges Fort errichtet werden müssen, allein die Zeit drängte, und es mangelte an Arbeitern, weshalb man sich begnügen mußte, ein Feldwerk in Form einer Redoute herzustellen.

Ein Minensystem (Gallerie) war in Ancona zweifelsohne vorhanden, doch hatten die italienischen Artillerie- und Genie-Offiziere keine Kenntniß davon. Die von dem Hauptmann Sauer Czaky — früher österreichischer Genie-Offizier — angestellten Ermittelungen bestätigten die desfalsige Vermuthung. Wegen Kürze der Zeit, in der unabweisbareren Bedürfnissen zuvor genügt werden mußte, konnte die Aufsuchung und Verfolgung der Gallerieen nicht durchgeführt werden.

Ancona bot ein Bild regen Lebens.

Jeden Mittwoch kamen Transporte neuer Freiwilligen, welche theils in die schon vorhandenen Cadres eingestellt wurden, theils zur Bildung neuer dienten; auf allen Plätzen sah man fleißig exerziren, daneben Hunderte von Arbeitern beim Festungsbau und bei Zubereitung von Kriegsmaterial jeder Art; Inspicirungen der Truppen, Besuche der Lazarethe und Casernements durch den General erhielten Alles in unausgesetzter Thätigkeit

Sobald Truppenkörper ihre Organisation beendet hatten und genügend geübt schienen, verließen sie Ancona, um neuen sich formirenden. Platz zu machen.

Trotz der regen Thätigkeit war die Ausbildung der Truppen doch keine vollendete zu nennen. Daß sie es nicht geworden, lag wohl nur in dem Umstande, daß der Obergeneral, der deutschen Sprache gänzlich unkundig, sich über den Charakter und die Eigenschaften der deutschen Soldaten ein eignes Urtheil nicht verschaffen konnte. Er mochte, wie er es bei französischen Truppen gewöhnt, ihre Ausbildung mit der erlernten Fertigkeit im Exerziren für beendet halten und legte deshalb keinen Werth auf die Anlernung für das zerstreute Gefecht. Die österreichischen Offiziere, welchen zum großen Theil die Neigung und auch die Uebung zur Ausbildung der Mannschaft in dieser Gefechtsform fehlte, beeilten sich nicht, den General auf die Verschiedenheit des germanischen oder slavischen Charakters vom romanischen aufmerksam zu machen, und so unterblieb diese nothwendige Ausbildung entweder ganz oder beschränkte sich auf die reglementarischen Formen.

Die Anschaffung gezogener Infanterie-Gewehre (Minié) war auf Veranlassung de la Moricières erfolgt, und wurden dieselben, je nachdem sie disponibel, gleichmäßig an die verschiedenen Bataillone vertheilt. In den Bersaglieri-Bataillonen wurden diese Gewehre jedesmal an ganze Compagnien ausgegeben, ein Verfahren, das unserer Ansicht nach ein falsches war, da die Compagnien weder Zeit noch Gelegenheit hatten, umfassendere Schließübungen anzustellen. Hätte man diese Gewehre an ehemalige Jäger der österreichischen Armee oder an gute Schützen vertheilt, deren eine große Zahl unter den Bataillonen war, so würde ein Nutzen von der guten Bewaffnung haben erzielt werden können.

Inzwischen war ein Conflict ausgebrochen, welcher ein unbequemes Verhältniß zwischen den Schweizer-Offizieren und den österreichischen zur Folge hatte. Die Schweizertruppen, welche durch frühere Desertion und durch den gewöhnlichen Abgang sehr geschwächt worden waren, konnten sich durch ihre Werbebureaux nicht mehr genügend ergänzen, und griff deshalb de la Moricière zu dem Mittel, sie durch Freiwillige aus deutschen Bataillonen zu rekrutiren. Ob diese Maßregel Schweizer-Offiziere zu Agitationen unter den deutschen Truppen veranlaßt, ist uns aus eigener Anschauung nicht bekannt, wurde aber behauptet. Das Resultat war ein ganz unerwartetes. Der größte Theil der Compagnien meldete sich zum Uebertritt in die Schweizertruppen, wohl hauptsächlich, weil sie dort eine gelindere Behandlung erwarteten. Nach österreichischem Reglement kann nämlich der für die Disciplin verantwortliche Compagnie-Commandant Stockprügel verhängen. Indem de la Moricière auf die Vorstellung der österreichischen Offiziere die Anwendung dieses Reglements vorläufig genehmigte, hatte er nicht daran gedacht, daß die große Zahl verhältnißmäßig junger Compagnie-Commandanten ihre Befugnisse ohne die gehörige Erwägung ausüben würde. Leider geschah dies oft, und da die Mannschaft sich nach besserer Behandlung sehnte, so meldete sie sich

4

in Masse zum Uebertritt in die Schweizer-Truppen. Die von den österreichischen Offizieren sogleich dagegen ergriffenen Maßregeln, welche ebenfalls nicht in den Schranken der Mäßigung blieben, kamen dem General zu Ohren und veranlaßten nicht nur die Aufhebung jener Strafbefugniß der Compagnie-Commandanten, sondern auch die Enthebung eines interimistischen Bataillons-Commandanten von seinem Commando. Nichtsdestoweniger war ein Mißtrauen und eine Ueberhebung der österreichischen Offiziere gegen die Schweizer zurückgeblieben, das sich vor und während des Feldzuges oft bemerklich machte und von uns später noch erwähnt werden wird.

Der General, auf den Wunsch österreichischer Offiziere eingehend, änderte seine Maßnahme dahin ab, daß er ganze, neu aus Oesterreich ankommende Transporte Freiwilliger den Schweizer-Truppen überwies.

Das Artillerie-Material zur Armirung der Festung wurde sorgfältig sortirt; die schadhaften Laffeten wurden ausgebessert und mit allem Zubehör, namentlich mit Richtschrauben versehen, die vorher gar nicht vorhanden, sondern nur nothdürftig durch unvollkommene Richtkeile vertreten gewesen waren; Munition wurde angefertigt und die vorhandene Eisenmunition merkwürdiger Weise mit einem ganz neuen Anstriche versehen.

Zur Completirung des Artillerie-Materials wandte sich de la Moricière an Oesterreich, und dieses sandte zu verschiedenen Malen bereitwilligst Festungsgeschütz gegen eine bestimmte Entschädigung. Leider mußten die auf diese Weise beschafften prächtigen Geschützröhre in die vorhandenen Laffeten gelegt werden. Es geschah dies zwar so passend wie möglich, und doch überschlugen sich später beim Gebrauch nicht selten die Geschütze. Artillerie-Director von Ankona war der Major Lopez, ein Mann, den eine lange Dienstzeit in der päpstlichen Armee nicht abgehalten hatte, im Jahre 1849 Commandant der republikanischen Artillerie zu werden. Die Regierung hatte gegen ihn Gnade geübt und ihn nur damit bestraft, daß er bei seinem Wiedereintritt in die päpstliche Artillerie um einen Grad niedriger angestellt wurde. Lopez zeigte ungeheuere Geschäftigkeit, doch war er der Sache nicht gewachsen, und dieser Uebelstand rächte sich bei der Belagerung bitter, wie wir später sehen werden.

Die Sanitätseinrichtungen nahmen ebenfalls einen erfreulichen Aufschwung. Deutsche Aerzte aus Oesterreich und Baiern wurden bei den Truppenkörpern angestellt; deutsche Krankenpfleger kamen aus den katholischen Instituten und wurden den Lazarethen und Truppen überwiesen; Sendungen von Verbandmitteln u. dgl., welche von österreichischen Frauen hergegeben waren, kamen durch Vermittelung der Werbeoffiziere in das Depot des Lazareths von Ancona; ein Apotheker aus Wien schenkte eine vollständige Feldapotheke, deren Ueberbringer, ein junger Pharmaceut, als Feldapotheker angestellt wurde; Ambulancen wurden eingerichtet.

Dem Mangel in der Proviantirung war im Lande nicht schnell genug abzuhelfen, da das Mühlenregal den Oberbefehlshaber wesentlich in seinen Maßnahmen beschränkte. Der Intendant Ferry, der sich als ein besonders thätiger und eifriger Verwaltungsbeamter gezeigt hatte, reiste deshalb nach seiner Ankunft in Ancona, deren wir unten Erwähnung thun werden, sofort nach Triest ab, um Proviant dort anzukaufen. Ein Theil des so angeschafften Proviants kam noch rechtzeitig nach Ancona, während die letzten Sendungen die Festung schon von der piemontesischen Flotte blokirt fanden und von Ferry, der sich persönlich auf den Schiffen befand, dadurch dem Staate gerettet wurden, daß er unverzüglich damit nach Civita Vecchia weiter segelte.

Bei alle dem hatte der General die Sorge für das allgemeine Wohl nicht aus den Augen verloren. Der Bau der

Eisenbahn von Rom nach Ancona beschäftigte ihn fortwährend. Die Oberingenieure und Ingenieure dieser bereits projectirten Bahn hatten wie seine Adjutanten Zutritt zu ihm.

Mittlerweile war Garibaldi auf dem Festlande von Neapel gelandet und hatte an verschiedenen Punkten die königlichen Truppen geschlagen. De la Moricière sah voraus, daß die Colonnen Garibaldi's über kurz oder lang in den Kirchenstaat einfallen, und daß es sich dann nicht mehr um die Bekämpfung der Insurrection in den einzelnen Landesstrichen, sondern um einen Feldzug handeln würde.

Gleichwohl konnte er schon damals einer gewissen Befürchtung vor einer Intervention von piemontesischer Seite sich nicht entwehren. Seine Anfragen bei dem Herzog von Grammont, dem französischen Gesandten in Rom, dieserhalb wurden mit der Versicherung beantwortet, daß der Kaiser eine solche Intervention nicht dulden werde, und der Rath hinzugefügt, sich gegen die Revolution vorzusehen.

Handelte der Herzog von Grammont hierin auf Instruction oder privativ?

Der Kaiser Napoleon, dem die Einheit Italiens durchaus keine unabweisbare Nothwendigkeit war, hätte in deren Stelle viel lieber einen italienischen Staatenbund entstehen sehen und würde in der That zur Errichtung eines solchen bereitwillig die Hand geboten haben, schon — abgesehen von allen anderen für ihn daraus entspringenden Vortheilen, — um der Bewegung seiner Unterthanen zu Gunsten des Oberhauptes der katholischen Kirche Einhalt zu thun. Allein es war als ein Vertheidiger des Papstthums ein General aufgetreten, der, sein politischer Gegner, in Frankreich eines großen Ansehens sich erfreute, ein Mann, der als Legitimist bekannt, jetzt, wie es schien, die Gelegenheit benutzte, um die Opposition gegen den Bonapartismus anzuregen. Derselbe General trat nach langer Zurückgezogenheit wieder auf die politische Schaubühne zu gleicher Zeit und aus denselben Ursachen mit einem Bourbon.

Dieser Bourbon, Franz II. König von Neapel, und de la Moricière würden in ihrer Vereinigung auch in Frankreich noch andere Interessen und Parteien wach gerufen haben, als die rein kirchlichen.

De la Moricière wies die von Franz II. wirklich gesuchte und von der Curie gewünschte Verbindung jedoch entschieden zurück, um dem Kaiser Napoleon keine Veranlassung zu geben, dem heiligen Stuhle seinen jetzt noch so nothwendigen Schutz zu entziehen.

Allein in Frankreich hatte die Bewegung bereits begonnen. Das Faubourg St. Germain betheiligte sich lebhaft an den Vorgängen in Italien; die Söhne der besten Familien strömten nach Rom und traten in päpstliche Dienste. Die Anwesenheit der kaiserlichen Truppen daselbst gab zu Demonstrationen und Conflicten Veranlassung, denen de la Moricière schleunigst dadurch ein Ziel zu setzen suchte, daß er das Corps der Guiden, fast nur französische Legitimisten, aus Rom verlegte.

Der Kaiser bemerkte indessen dergleichen Vorgänge, und da er im festen Hinblick auf das Ziel seiner Politik diese Gelegenheit für sehr günstig hielt, die legitimistische Partei zu schwächen und ihren Einfluß zu ersticken, so schenkte er den Anträgen Cavours ein geneigteres Ohr, als er, ein katholischer Fürst, es sonst wohl gethan haben würde. Die Unterhandlungen mit Cavour wegen Gestattung des Einmarsches der piemontesischen Armee in die päpstlichen Staaten geschahen zu derselben Zeit, als man dem General de la Moricière dieserhalb beruhigende Versicherungen und den Rath gab, nur gegen die Revolution auf der Hut zu sein.

Vier Chausséen führen aus dem Gebiet von Neapel in das römische, und zwar:

1) von Neapel über den Volturno bei Capua, den Garigliano bei Trajetto, über Gaeta, Terracina, die Pontinischen Sümpfe nach Rom;
2) von Capua über Calvi, San Germano, Isola am Garigliano, nach Frascati und Rom;
3) von Neapel und Capua über Sulmona, Aquila, Civita Ducale nach Terni;
4) von Capua über Popoli, Pescara nach Loretto und Ancona entlang dem adriatischen Meere.

De la Moricière zog Anfangs August alle disponiblen Truppen, d. h. alle mit ihrer Organisation fertige, welche nicht zur Besetzung der festen Plätze durchaus nothwendig waren, in Läger bei Terni, bei Macerata, Foligno und Spoleto zusammen. Trotzdem, daß der Oberst Nicotera an der toscanischen Grenze ungefähr 2000 Mann Freischaaren gesammelt hatte, mit denen er eine Invasion in die päpstlichen Staaten versuchen zu wollen schien, bestimmten den Obergeneral theilweise die Versicherungen der französischen Gesandtschaft in Rom, daß die piemontesische Armee die Unternehmungen der Freischaaren zu hindern beordert sei, theils die Unruhen, welche im Süden gegen die neapolitanische Grenze hin ausbrachen, Vorsichtsmaßregeln gegen eine Invasion durch Garibaldi zu nehmen.

Die Stärke der päpstlichen Armee und ihre Stellung war zu jener Zeit folgende:

1. Brigade. — General Schmidt.
Generalquartier Foligno.

2. Linien-Regiment	2 Bataillone
2. Schweizer-Regiment	2 "
1 Compagnie mobiler Gendarmerie	
1 Batterie Artillerie	6 Geschütze
1 Detachement Gendarmen zu Pferd.	

2. **Brigade. — General Graf Pimodan.**
Generalquartier Terni.

1. und 2. Jäger= (Cacciatori) Bataillon	2 Bataillone
2. Bataillon Bersaglieri	1 =
Bataillon Carabinieri	1 =
= Franco=Belgier	1 =
2 Escadrons Dragoner	2 Escadrons
1 = Chevauxlegers (deutsche)	1 =
1 Batterie Artillerie	6 Geschütze

3. **Brigade. — General de Courten.**
Generalquartier Macerata.

1. und 3. Bataillon Bersaglieri	2 Bataillone
1. Linien=Regiment	2 =
1 Escadron Gendarmen	
2 Batterien Artillerie	12 Geschütze.

Reserve. — Oberst Cropt.
(Unter directem Befehl des Obergenerals.)
Generalquartier Spoleto.

1. Fremden=Regiment	2 Bataillone
Das Guiden=Corps	
1 Batterie	6 Geschütze.

Detachirt waren theils von diesen Truppen, theils selbstständig für sich:

Die Besatzung von Ancona:

4. und 5. Bersaglieri-Bataillon	1½ Bataillone
½ Bataillon Irländer (San Patrik)	½ =
2 Compagnien 2. Schweizer=Regiments,	
1 Compagnie Gendarmen.	

Die Besatzung von Pesaro:
4 Compagnien 2. Schweizer=Regiments.

Die Besatzung von Perugia:
  2 Compagnien 1. Schweizer-Regiments,
  1 Compagnie Irländer.
Die Besatzung von Spoleto:
  4 Compagnien Irländer . . . . . ½ Bataillon.
Die Besatzung von Viterbo:
  2 Compagnien Carabinieri.
Die Besatzung von Orvieto:
  1 Compagnie Bersaglieri (2. Bataillon).
Die Besatzung von St. Leo:
  1 Compagnie Bersaglieri (3. Bataillon).
In Rom:
  2 Compagnien 1. Schweizer-Regiments.

Außerdem waren in fast allen Bezirken die Auxiliar-Truppen mobilisirt und ein Landsturm in der Gegend von Ascoli organisirt worden.

Zur Wahl der erwähnten Stellungen hatten den Obergeneral folgende Rücksichten bestimmt:

Die Anwesenheit der französischen Garnison in Rom machte nicht allein einen Marsch Garibaldi's auf diese Hauptstadt unwahrscheinlich, sondern sogar ganz unmöglich. Die Unruhen, welche eine Invasion Garibaldi's in den südlichen Provinzen hervorrufen konnte, würden durch eine Diversion von Terni aus und durch die von Rom abgeschickten Truppen unterdrückt werden können. In der That war das Erscheinen von Auxiliar-Truppen unter dem Obersten Mortilleu genügend gewesen, diese bereits aufgeregten Provinzen nebst der im neapolitanischen Gebiet gelegenen Enclave Benevent in Ruhe und Ordnung zu bringen — welche auch später der Major Baron von Brackel, der den Obersten Mortilleu im Commando ersetzte, durch umsichtige und energische Maßregeln zu erhalten wußte.

Durch die Stellung bei Terni wurde Garibaldi verhindert,

die große Straße im Tiberbecken nach Arrezzo und Florenz zu gewinnen und eine Verbindung zwischen sich und den Freischaaren an der nördlichen Grenze herzustellen.

Die Brigade Schmidt bei Foligno stand bereit, jeder Unternehmung vom Norden her sofort wirksam entgegen zu treten.

Die Reserve bei Spoleto hatte Freiheit nach jeder Seite hin.

Die Stellung bei Macerata beherrschte die längs des Meeres aus dem neapolitanischen Gebiet kommenden Communicationen, deckte die Festung Ancona und war bestimmt, deren Besatzung erforderlichen Falls zu verstärken.

Eine von Terni über Spoleto, Foligno, Tolentino nach Macerata führende Chaussee erlaubte die Concentrirung aller Kräfte in vier Tagen.

Außer der strategischen Wichtigkeit dieser Läger beabsichtigte der Obergeneral eine Ausbildung und Einübung der Führer und Truppen. Er selbst begab sich von Ancona, nachdem er dort den Grafen Quatrebarbe als Militairgouverneur zurückgelassen, nach diesen Lägern, um persönlich die Uebungen zu leiten.

Die Art und Weise derselben zeugte von der Ansicht, welche der General über die Natur des zu erwartenden Krieges gefaßt hatte. Stürme, Leitererschleigungen, schwierige Märsche gaben den Offizieren Gelegenheit, sich im Disponiren und selbstständigen Handeln zu üben; Exerziren in gemischten Waffen erhöhte die Geschicklichkeit der Führer; für die Soldaten gereichten solche Uebungen zur Belehrung, welche einigermaßen die gründliche Vorübung ersetzte. Recht auffällig zeigte sich dabei die Verschiedenheit des germanischen vom romanischen Charakter. Während jeder der Offiziere französischer Nationalität mit geschwungenem Säbel darum wetteiferte, der Erste auf den Mauern, der Bresche oder sonst einem Hauptpunkte zu sein, zwang dieser oftensible Enthusiasmus den deutschen Offizieren ein Lächeln ab; während die französischen Soldaten sich gleich überall gut einrichteten, bedurfte es bei den deutschen der angestrengtesten Aufmerksamkeit der Offiziere, um sie angemessen zu placiren.

De la Moricière, der abwechselnd in den Lägern verweilte, vergaß über der Einübung der Truppen durchaus nicht die Interessen der Bevölkerung. Mit der größten Peinlichkeit vermied er Alles, was der Bevölkerung die Anwesenheit der Truppen hätte drückend machen können. Keine Requisitionen, ja selbst keine Einquartierungslast wurde den Gemeinden auferlegt. Die Truppen wurden in Ermangelung von Casernements in unbenutzte Kirchen oder Kapellen untergebracht, und hatten die bequartierten Ortschaften nur den Vortheil, daß die Mannschaft ihre reichliche Löhnung dort verzehrte.

Die häufigen Bereisungen des Landes durch den Obergeneral, der sich von der Ausführung seiner Befehle stets persönlich überzeugte, hatten die Bevölkerung auf ihn aufmerksam gemacht. Der Südländer liebt den Pomp, und de la Moricière ließ es daran nicht fehlen. Zahlreiche Eskorten und glänzende Suiten erregten zuerst die Neugierde der Bevölkerung; die Achtung, welche dem außerordentlichen General von der französischen Besatzung und deren höchsten Commandanten gezollt wurde, setzte sie in Erstaunen; sein Verhältniß zu den Mächtigen und Vornehmen des Landes erhöhte ihr Interesse; die Selbstständigkeit, womit er seine Befehle gab, und der unbedingte und schleunige Gehorsam, welchen die Beamten denselben zollten, so wie der sichtbare Nutzen seiner Maßnahmen steigerten dieses Interesse zur Bewunderung.

So war de la Moricière auf dem besten Wege zur Ausgleichung des Antagonismus zwischen Volk und Regierung und würde sicherlich bei den ersten Schritten nicht stehen geblieben sein.

Dies bemerkte Cavour und, erwägend, daß Garibaldi trotz der fabelhaften Erfolge auf die Dauer den disciplinirten

Truppen Franz II. nicht würde wiederstehen können, da seine aus Italienern gezogene Verstärkungen durchaus keine militairische Eigenschaften hatten, wie dies Rüstow selbst zugesteht, entschloß er sich, die Maske fallen zu lassen.

Napoleon III. befand sich Ende August in Chambery, und dorthin begab sich am 28. August der piemontesische Premier-Minister. Wir haben oben angedeutet, was den Kaiser bewogen, dem Schritte Cavours seine Genehmigung zu geben; wir werden in der Folge darthun, wie der Kaiser für den Erfolg dieses Schrittes gesorgt hat.

Commandant der zunächst der Grenze gelegenen Subdivision Pesaro war der Oberst Zappi, ein Offizier, der durch frühere Dienstzeit in der östreichischen Armee und durch seine Theilnahme an verschiedenen Kriegsereignissen der Neuzeit eine intensivere Ausbildung sich erworben hatte, als die übrigen Offiziere der päpstlichen Armee, und der, durch seine Befähigung zu der Stellung als Chef des Generalstabes der Armee gelangt, eine bedeutende Stütze des Kriegsministers de Merode gewesen war und eine fördernde Bereitwilligkeit den Absichten de la Moricières gezeigt hatte.

Dieser Offizier meldete am 5. September dem Obergeneral, der sich in Terni befand, daß die Bewegungen des piemontesischen Armee-Corps in der Cattolica auf eine Invasion in den Kirchenstaat deuteten.

Am 9. September schrieb der General Fanti, Commandant der piemontesischen Armee in der Emilia, aus seinem Hauptquartier Arrezzo an de la Moricière, daß er Befehl habe, in die päpstlichen Staaten in folgenden Fällen einzurücken:

1) wenn die unter de la Moricière stehenden Truppen in einer von denselben besetzten Stadt Umbriens oder der Marken eine Kundgebung im nationalen Sinne unterdrücken würden;

2) wenn die Truppen, deren Commandant de la Mo-

ricière, gegen eine Stadt der obengenannten Provinzen marschiren würden, wo sich eine Kundgebung im nationalen Sinne zeige;

3) wenn die Truppen, welche eine solche Kundgebung in einer Stadt etwa schon unterdrückt hätten, jetzt nicht unmittelbar den Befehl erhielten, sich aus derselben zurückzuziehen.

De la Moricière antwortete, daß er nicht das Recht habe, diese Forderungen zu beachten, ohne von Rom aus den Befehl dazu erhalten zu haben.

Am 7. September hatte Cavour nach Rom die Forderung ergehen lassen, alle fremden in päpstlichen Diensten stehende Truppen zu entlassen, was der Cardinal Antonelli entschieden ablehnte und ablehnen mußte.

Der Kaiser von Oestreich, der die Ursachen der Forderung und die Folgen der Ablehnung überblickte, aber durch das von Napoleon aufgestellte Princip der Nichtintervention an ihrer Abwehrung verhindert wurde, erließ ein Manifest an seine in päpstlichen Diensten sich befindende Unterthanen, in welchem er sie aufforderte, treu und muthig gegen die Revolution anzukämpfen, und den Soldaten und namentlich den Offizieren versprach, daß, wenn sie nach muthigem Kampfe dennoch unterliegen sollten, ihre Uebernahme in die österreichische Armee in demselben Grade, den sie in der päpstlichen Armee bekleidet, erfolgen solle.

Dieses Manifest brachte großen Jubel unter Offizieren und Soldaten hervor; Erstere sahen darin eine Gnadenbezeugung, deren sie glaubten sich werth machen zu müssen; Letztere betrachteten sich von da an als östreichische Soldaten, die im unglücklichen Falle nicht heimathlos und broblos waren.

Wenn de la Moricière in seinem Bericht sagt, daß das erwähnte Manifest entmuthigend auf die Truppen gewirkt, indem sich ihnen dadurch die Ueberzeugung aufgedrängt habe, daß die päpstliche Sache selbst von ihrem Kaiser als eine verlorene angesehen, so dürfte dieser Irrthum wohl daher rühren, daß der Obergeneral bei seiner Unkenntniß der deutschen Sprache sich selbst keine Einsicht über die Wirkungen jenes Manifestes verschaffen konnte und aus einem vereinzelten Vorfalle, den wir später zu erwähnen Gelegenheit haben werden, von dem das Offizier-Corps in seiner Gesammtheit nie Kenntniß erlangt hat, auf jene falsche Ansicht geführt wurde.

Die an den Grenzen des Kirchenstaates concentrirte piemontesische Armee bestand aus dem 4. Armee-Corps unter General della Rocca in den Herzogthümern und· aus dem 5. Armee-Corps unter General Cialdini in der Romagna. General en chef dieser Truppen war, wie erwähnt, der General Fanti. Diese Armee setzte sich nach den oben mitgetheilten Vorfällen und ohne eine vorangegangene Kriegserklärung am 10. September in Marsch gegen den Kirchenstaat in zwei Parallelcolonnen; der rechte Flügel (das 4. Armee-Corps) rückte in das Tiberbecken, während der linke (das 5. Armee-Corps) an der Küste des abriatischen Meeres entlang die Grenze überschritt.

Am 10. September verbreitete sich in Ancona das Gerücht, daß bewaffnete Freischärlerbanden von der Romagna aus in das päpstliche Gebiet eingefallen, daß die piemontesische Armee sich diesem Einfall habe widersetzen wollen, ihn jedoch nicht habe hindern können. Hierauf schickte der Commandant der Sub-Division Ancona, Oberstlieutenant de Gabby, zwei Compagnieen Infanterie und zwei Geschütze am 11. September 4 Uhr Morgens nach Senegaglia, um einen etwaigen Aufstand zu unterdrücken oder zu hindern. Diese Colonne marschirte am 12. auf Befehl des Gendarmerie-Obersten Zambelli nach Fanno, verstärkt durch eine Compagnie Auxiliar-Truppen (eingeborne Landwehr), welche, als Cavour seine Forderung in Rom gestellt hatte, sogleich einberufen waren, und dem Rufe bereitwilligst Folge geleistet hatten.

In Fanno erhielt man die bestimmte Meldung, daß eine Abtheilung Freischaaren in Fossombrone eingerückt sei und diese Stadt besetzt habe, weshalb der Marsch unter Zurücklassung einer Compagnie sogleich von Fanno weiter nach Fossombrone fortgesetzt wurde. In der Dunkelheit kam man dort an. Die Avantgarde ging in die Stadt, während das Gros vor dem Thore Stellung nahm. Jene hatte die Stadt bis zum jenseitigen Thore passirt, ohne einen Posten oder sonst eine Spur von dem Vorhandensein des Feindes zu bemerken, als plötzlich aus den Häusern auf sie Feuer gegeben wurde. In der Verwirrung rannte ein Theil der Mannschaft zurück und berichtete, daß die Uebrigen nebst dem Offizier gefallen seien. Eine Abtheilung Freiwilliger, welche zur Erkundigung der Wahrheit jener Aussage und zur weiteren Recognoscirung vorgeschickt wurde, traf den Offizier mit der übrigen Mannschaft im Rückzuge begriffen. Sie waren mit einer starken Abtheilung Freischärler handgemein gewesen und hatten den Führer dieser, einen früheren Hauptmann in päpstlichen Diensten, wie die bei ihm später vorgefundenen Papiere besagten, erschossen.

Man entschloß sich nun, die Stadt durch die Artillerie beschießen zu lassen, und schon nach dem dritten Schusse sah man Trupps auf der entgegengesetzten Seite eiligst abziehen. Es trat bald eine völlige Stille ein.

Der Commandant der Colonne befahl nun den Auxiliar-Truppen, gegen die Stadt recognoscirend vorzugehen; allein sie waren dazu nicht zu bringen. Die Italiener scheuten das Feuer, und erst als deutsche Truppen an die Tête gestellt wurden, folgten sie diesen. Der Ort schien vom Feinde verlassen. Die Offiziere beschlossen jedoch, nicht vor Tagesanbruch hineinzurücken, und ließen gegen Morgen den Bischof so wie den Gonfaloniere (Ortsvorsteher) zu sich herausholen. Beide Persönlichkeiten erschienen und gaben die Versicherung, daß kein Feind mehr in Fossombrone, daß 600 Freischärler, welche den Tag vorher dorthin gekommen, nach den vorhin erwähnten Kanonenschüssen ihren Rückzug auf Urbino angetreten hätten.

Die Stadt wurde nun militärisch besetzt und den sehr erschöpften Leuten Ruhe und Erquickung gewährt. Die Einwohner beeiferten sich, Lebensmittel und Wein herbeizubringen.

An demselben Tage (13. September) Nachmittags erschien in Fossombrone ein Bote des Delegaten von Urbino, welcher meldete, daß die ganze piemontesische Armee aus der Emilia die Grenze überschritten habe und unaufhaltsam vorrücke, und daß augenblicklich 600 Mann Freischärler sich gegen Fanno dirigirten und bereits bedeutenden Vorsprung hätten. Ein Befehl des Obersten Zambelli zum beschleunigten Rückzuge auf Fanno traf fast gleichzeitig ein, und man trat letzteren deshalb zu Wagen an. Kurz vor Fanno sprengte piemontesische Cavallerie (Lanziers) gegen die vorderen Wagen, auf welchen die Avantgarde placirt war. Das Terrain in Mittel-Italien gestattet der Cavallerie nur selten freie Bewegungen; sie kann hier nur zum Sicherheitsdienst und zu Patrouillen auf den Straßen verwendet werden. Die plötzlich überraschte Infanterie verließ die Wagen und warf sich in die Gräben, von wo aus sie Feuer gegen die ebenfalls überraschte Cavallerie gab, welche mit Hinterlassung von zwei Todten sogleich Kehrt machte und gegen Fanno zurücktrabte. Das Erscheinen der feindlichen Cavallerie und ihr Rückzug gegen Fanno gab der Vermuthung Raum, daß dieser Ort bereits vom Feinde besetzt sei. Die ausgeschickten Recognoscirungs-Patrouillen hatten darüber keine Auskunft sich verschaffen können. Was nun machen?

Der Vorschlag, den Morgen abzuwarten, fand aus dem Grunde Gegner, daß der Rückzug mit den Geschützen im Angesicht des Feindes ein gefährlicher werden müsse. Freilich war Fanno noch nicht in den Händen der Piemontesen, die dort zurückgebliebene Compagnie capitulirte erst Tags darauf ohne alle Kenntniß von dem Verbleib der Colonne, für die sie als Replis diente. Diese Colonne nun marschirte noch während der Nacht auf den beschwerlichsten Wegen über das Gebirge und erreichte nach einem fortdauernden Marsche von 74 Miglien die große Straße bei Senegaglia, wo sie die Brigade de Courten traf und sich mit dieser vereinigte.

Diese Brigade war am 12. September von Macerata aus gegen Pesaro und die Grenze in Marsch gesetzt worden. Von Jesi aus theilte der General de Courten seine Brigade in drei Colonnen:

Der rechte Flügel unter seiner persönlichen Führung; das Centrum unter Oberst Kanzler; der linke Flügel unter Oberst-Lieutenant Baron von Vogelsang.

Diesen beiden letzteren Colonnen hatte der General de Courten befohlen, sich in Mondavio zu vereinigen und ihre Verbindung mit Ancona stets im Auge zu behalten.

Der General selbst war von Jesi gegen Senegaglia vorgerückt, das eine Besatzung von 200 Gensdarmen und Auxiliar-Truppen hatte. Ohne Nachricht von den detaschirten Colonnen und sich nicht für stark genug haltend, dem mit überlegenen Kräften sich zeigenden Feinde entgegenzutreten, beschloß er den Rückzug nach Ancona, wo er am 14. September eintraf.

Die beiden anderen Colonnen hatten die ihnen befohlene Vereinigung ausgeführt und waren dann durch die Ueberlegenheit des Feindes ebenfalls zum Rückzuge genöthigt worden.

Bei St. Angelo, wo der Feind stark nachdrängte, war der Oberst Kanzler gezwungen, einige Compagnien und zwei Geschütze unter dem Lieutenant Baron von Falkenstein zur Deckung des weiteren Rückzuges zurückzulassen. Das mit vorzüglicher Ruhe und Umsicht geleitete Feuer der beiden Geschütze machte die piemontesischen Colonnen stutzig, und die Thätigkeit der

Infanterie, geführt von dem Capitain von Einem, nöthigte den Feind zu zeitraubender Kraftentwickelung. Dem Benehmen dieses Offiziers verdankt die Colonne des Obersten Vogelsang ihre Rettung. Während des weiteren Rückzuges konnte jedoch nicht verhindert werden, daß ein großer Theil einer detaschirten Compagnie nebst ihren Offizieren abgeschnitten und gefangen wurde.

In der Nacht vom 14. zum 15. September rückten auch die Colonnen Kanzler und Vogelsang in Ancona ein.

Der Oberst Zappi hatte als Commandant von Pesaro die Aufforderung des General Cialdini zur Uebergabe zurückgewiesen und mit nur vier Compagnien Schweizer Truppen nebst einer geringen Artillerie-Mannschaft und einem Bataillon Auxiliar-Truppen die Sturmversuche des überlegenen Feindes zu vereiteln gewußt. Als bei der darauf eintretenden Beschießung der Muth der italienischen Auxiliar-Truppen in dem Maaße sank, daß sie selbst nicht mehr den zu ihrer eigenen Sicherheit erforderlichen Dienst zu versehen wagten und den Obersten unter Thränen kniefällig baten, sie nicht der Wuth des Feindes auszusetzen, da hielt auch er, in Uebereinstimmung mit dem tapferen und energischen Delegaten, Monsignore Bella, die weitere Vertheidigung nicht mehr für zweckbringend, um so mehr, als er bereits Nachricht von dem Rückzuge de Courtens auf Ancona bekommen hatte, und capitulirte unter günstigen Bedingungen am 16. September.

Das unmittelbar an der Grenze gelegene Fort St. Leo war von einer Compagnie Bersaglieri unter dem Capitain de Bourry und wenigen Artilleristen besetzt. Der Capitain de Bourry hatte auf die Kenntniß von den Bewegungen der piemontesischen Armee gegen die Grenze sogleich durch Requisitionen für die Verproviantirung des Forts und für die Mittel zur Löhnung der Mannschaft sorgen und die nöthigen Verstärkungsarbeiten an den Festungswerken vornehmen lassen.

Hierdurch und durch die Lage des Forts auf isolirtem Felsen war er im Stande, den Aufforderungen zur Uebergabe länger Trotz zu bieten, ohne jedoch auf den Marsch der piemontesischen Armee, wie selbstverständlich, drücken zu können. Cialdini beschränkte sich darauf, ihn zu cerniren, und rückte mit seiner übrigen Armee vor, um de la Moricière an der Vereinigung seiner Streitkräfte oder an der Erreichung von Ancona zu verhindern. de Bourry capitulirte erst am 22. September, als er die Nachricht von der Schlacht bei Castelfidardo erhalten, und wurde nach abgeschlossener Capitulation von dem die Cernirungstruppen befehligenden piemontesischen General mit der Todesstrafe bedroht, weil er sich hartnäckig vertheidigt und Requisitionen vorgenommen hatte, obgleich dieselben nothwendig gewesen und unter den gebräuchlichen Formen geschehen waren.

Auf der andern Seite hatte zuerst der Oberst Masi mit seinen Freischaaren am 8. September die Grenze überschritten, während das piemontesische 4. Armeecorps unter della Rocca, bei dem sich der General Fanti persönlich befand, am 10. September über Civita Castella in die päpstlichen Staaten einmarschirte.

Auf die Nachricht von der Invasion der Freischaaren hatte der Obergeneral den General Schmidt gegen Citta della Pieve mit zwei Bataillonen und zwei Geschützen beordert, um diese Stadt wiederzuerobern und das päpstliche Gebiet gegen weitere Unternehmungen der Freischaaren zu decken; bei der Nachricht von dem Einmarsch der Piemontesen befahl der Obergeneral jenem Offizier, daß er, falls er auf überlegene Streitkräfte stoße, sich gegen Perugia oder Viterbo zurückziehen solle, und benachrichtigte ihn, daß er das zu seiner Brigade gehörige, bei Perugia zurückgelassene, zweite Bataillon des 2. Schweizer Regiments an sich heranziehen und nach Ancona mitmarschiren lassen würde.

Die Colonne des Obersten Masi hatte, nachdem sie im Namen des Königs Victor Emanuel von dem päpstlichen Gebiet Besitz genommen, sich gegen Orvieto gewendet. — Diese Stadt, auf einem hohen Felsen, inmitten eines breiten Thales gelegen, beherrscht die kürzeste Communication zwischen dem toscanischen und dem neapolitanischen Gebiete über Amelia, Terni und Rieti. Ihre Sturmfreiheit erlaubt einer kleinen Truppenzahl, den Marsch großer Truppenabtheilungen eine Zeit lang aufzuhalten.

Eine Compagnie des 2. Bersaglieri-Bataillons unter Commando des Capitain du Nord hielt den Ort besetzt. Bei der Nachricht von der Annäherung des Feindes hatte der Commandant nach Viterbo geschickt und um eine angemessene Unterstützung gebeten, allein der Commandant dieses Platzes, Capitain Petrelli, hatte keine Ordre dazu und hielt seinen Posten selbst nicht für so stark, daß er einen Theil seiner Mannschaft auf eine ungewisse Expedition ausschicken könne, weshalb er dem Ersuchen du Nord's nicht entsprach.

Dieser fand es nun in Uebereinstimmung mit dem päpstlichen Delegaten, welcher der Bevölkerung mißtraute, nicht für gut, einen nachdrücklichen Widerstand zu leisten, um so weniger, als ihm die Mannschaft seiner Compagnie hatte erklären lassen, daß sie den angestrengten Dienst auf die Dauer nicht auszuhalten vermöge. Von der Existenz der Colonne des General Schmidt scheint du Nord keine Ahnung gehabt zu haben.

Ein auf die Rocca (Schloß) in der Nacht vom 10. zum 11. September von den Freischaaren versuchter Sturm wurde ohne Schwierigkeit abgeschlagen und Tags darauf eine Capitulation mit Masi abgeschlossen, wonach du Nord mit seinen Mannschaften und der Delegatur ungehindert abziehen durfte, sich jedoch verpflichtete, drei Monate lang weder gegen die Piemontesen noch gegen italienische Freischaaren zu kämpfen.

Auf seinem Rückzuge gegen Viterbo traf er eine Compagnie Carabinieri unter dem Hauptmann Petrelli bei Osteria nuova, welche zu spät zu seiner Unterstützung herbei kam. Der Hauptmann Petrelli, welcher von nun an das Commando übernahm, ließ die Compagnie du Nord in Montefiascone zurück, seinen Marsch auf Viterbo weiter fortsetzend.

Am 18. September wurde diese Compagnie von italienischen Freiwilligen angegriffen. Du Nord, die Unmöglichkeit der Vertheidigung von Montefiascone einsehend, so wie auch seiner Capitulation gedenkend, trat noch während des Gefechts den Rückzug an, ohne den am weitesten vorgeschobenen Zug seiner Compagnie davon zu benachrichtigen, der dadurch in Gefahr kam, gefangen zu werden, und nur durch die Umsicht des Führers vor diesem Schicksale bewahrt wurde. Die Straße nach Viterbo war bereits vom Feinde bedroht, weshalb du Nord über Toscanella nach Corneto marschirte und bald darauf nach Rom rückte. Er war der einzige deutsche Offizier, welcher seine Truppe durch diesen Rückmarsch dem Staate erhalten hatte, wodurch die Veranlassung zu dem Versuche der Reorganisation eines neuen deutschen Bataillons nach beendigtem Feldzuge gegeben wurde, ein Unternehmen, was in Betracht mehrfacher Verhältnisse jedoch bald zerfiel.

Der General Schmidt, welcher am 12. September in Citta della Pieve angekommen war, traf die Colonne des Obersten Masi nicht mehr daselbst. Verschiedene Nachrichten über den Marsch derselben bestimmten ihn anfangs, sich gegen Orvieto respective Viterbo zu wenden. Als er jedoch noch an demselben Tage die Nachricht von der Capitulation du Nord's und von dem Anmarsche piemontesischer Truppen gegen Perugia erhielt, beschloß er sich dorthin zurückzuziehen. Hier kam er am 14. September an.

Die Citadelle von Perugia befand sich in gutem Zustande und war mit Proviant und Munition hinreichend versehen.

Fast gleichzeitig mit der Colonne des General Schmidt war auch die Brigade Sonnaz der piemontesischen Armee vor Perugia erschienen und hatte ein Bombardement gegen die Citadelle unternommen. Diese Brigade sah sich durch das Erscheinen der päpstlichen Colonne in ihren Fortschritten gehemmt. Der General Sonnaz bemerkte, daß der Widerstand ein nachdrücklicher werden würde, indem bereits die Stadt von unseren Truppen besetzt und in die Vertheidigung mit hineingezogen worden war. Nach dreistündigem Gefecht schickte er deshalb einen Generalstabsoffizier an den General Schmidt mit der Aufforderung zur Uebergabe, indem er ihm zu bedenken gab, daß ein fernerer Widerstand nutzlos sein würde, da der General Fanti mit allen seinen Streitkräften im Anzuge sei.

Letztere Mittheilung veranlaßte eine Uebereinkunft wegen eines fünfstündigen Waffenstillstandes, nach dessen Ablauf der General Schmidt einmal wegen der wirklich erfolgten Ankunft Fanti's, dann aber wegen des schlechten Geistes, der sich namentlich unter den Schweizer-Truppen zu zeigen anfing, capitulirte.

Am 17. September rückte die piemontesische Brigade des General Brigone gegen Spoleto. Die Besatzung (Irländer) hatte sich in die Citadelle zurückgezogen, welche nur mit zwei alten eisernen Geschützen armirt war, während der Feind eine zahlreiche und gute Artillerie mit sich führte. Einen Sturmversuch schlugen die braven Truppen unter ihrem ebenso braven Commandanten, Major O'Reilly, ab. Die feindlichen Granaten überschütteten das Fort und zerstörten die Geschütze, während fortdauernde Sturmversuche die Mannschaft immer auf dem Walle hielten. Unter solchen Umständen mußte dieselbe stark leiden, und als gegen den Abend bedeutend starke Colonnen formirt wurden, welche für die Nacht weitere und nachdrücklichere Stürme ankündigten, denen O'Reilly nur seine überaus ermüdete Mannschaft und eine ganz geringe aus Rekruten gebildete Reserve entgegensetzen konnte, steckte er die weiße Fahne aus und capitulirte nach zwölfstündigem Kampfe, in welchem der Feind eine unverhältnißmäßig große Anzahl Todter und Verwundeter gehabt hatte.

Der General de la Moricière hatte nach dem Einrücken der piemontesischen Armee in die Provinzen des Kirchenstaats die Ungleichheit der Kräfte erkannt und deshalb beschlossen, das offene Feld zu verlassen, um sich mit allen noch in seinen Händen befindlichen Truppen nach Ancona zu werfen, was er hoffte so lange vertheidigen zu können, bis die europäischen Großmächte gegen die von Piemont begangene offenbare Verletzung des Völkerrechtes interveniren würden. Die Hoffnung auf eine solche Intervention steigerte sich durch folgende Vorfälle bei ihm zur Zuversicht.

Der Cardinal-Staatssecretair hatte von dem französischen Botschafter in Rom, Herzog von Grammont, die Mittheilung erhalten, daß der Kaiser Napoleon sich einer piemontesischen Invasion in den Kirchenstaat widersetzen und zu dem Behufe die Besatzung Roms bedeutend verstärken würde. Der General Goyon, welcher bereits nach Frankreich zurückgekehrt war, sollte von Neuem diese Verstärkungen nach Rom führen. Durch den Kriegsminister Monsignore de Merode war der Wortlaut der Depesche dem Obergeneral mitgetheilt worden, und dieser ließ folgendes Telegramm an den Oberstlieutenant de Gaddy nach Ancona richten:

„Der General Goyon wird den 17. September in Rom mit 25000 Franzosen und 48 Geschützen eintreffen.

„Lassen Sie diese gute Nachricht in ihrer Stadt anschlagen.

Tolentino, den 13. September 1860.

Der Obergeneral de la Moricière."

Kurze Zeit darauf erhielt der französische General-Consul in Ancona eine amtliche Depesche, in der es hieß, daß der Kaiser Napoleon dem Könige von Sardinien habe erklären lassen, er würde sich der Invasion in den Kirchenstaat widersetzen und seinen Gesandten von Turin abberufen. Der General-Consul, der von der Gesandtschaft in Rom die Anweisung erhalten hatte, diese Depesche dem gegen Ancona vorrückenden General Cialdini mitzutheilen, reiste auch wirklich zu diesem Zwecke nach Fanno und erhielt von Cialdini die Bestätigung des Empfanges.

Die Befestigung von Ancona besteht in der Befestigung der Stadt durch eine an einzelnen Stellen mit kleinen vorspringenden Bastionen versehene crenelirte Mauer ohne Gräben oder andere Hindernißmittel.

An diese Stadtbefestigung angeschlossen, jedoch von ihr unabhängig, sind die Befestigungen der die Stadt einschließenden Berge Campo Trincerato und Monte Capuccino, so wie Monte Merano. Zu ersterer Befestigung (Campo Trincerato) bildet das Castell ein Reduit.

Als Hafenvertheidigung und zum Schutze des Zuganges zu dem Westthore, Porta pia, befindet sich an der Westseite der Stadt ein bombenfestes Polygon, das Lazareth genannt, mitten im Wasser; außerdem zu ersterem Zwecke an der Ost- und Nordseite eine von Porta Merana weggehende, durch eine Steinmauer gedeckte Geschützvertheidigung (6 gedeckte Geschützstände), deren nördlicher Endpunkt der mit einer ausgedehnten Casemattirung versehene Leuchtthurm ist, dann der Baluardo di San Agostino und eine einfache Batterie Santa Lucia (Anschlußbatterie an Porta pia).

Im Vorterrain liegen auf der Südseite der Stadtbefestigung: die Lunette St. Steffano vor der Courtine 8—9 des Campo Trincerato, und Monte Garbetto, ebenfalls eine Art Lunette, jedoch mit Vorglacis versehen. Der Ausbau dieser beiden ganz in Verfall gerathenen Werke war noch nicht beendigt, ebensowenig wie der der Anschlußmauer von Monte Garbetto nach Monte Cappuccino.

Der Redoute auf dem die Vorwerke dominirenden Monte

Pelago haben wir schon oben Erwähnung gethan. Die Wichtigkeit dieser Position veranlaßte ihre Besetzung durch eine verhältnißmäßig starke Truppenzahl.

Am 16. September waren die in Senegaglia stationirten Gendarmerie- und Auxiliar-Truppen ebenfalls zum Rückzuge auf Ancona genöthigt worden. Bis zu diesem Tage hatte man unbegreiflicher Weise vernachlässigt, Vorposten im Vorterrain auszustellen; erst jetzt geschah dies. Um sich sichere Nachrichten über den Feind zu verschaffen, recognoscirte man mit 3 Bataillonen und 4 Geschützen gegen Senegaglia, ohne auf den Feind zu stoßen, traf jedoch einzelne bewaffnete Leute, welche, bei meuchlerischem Vorhaben gegen Soldaten ergriffen, nach Ancona gebracht wurden.

Der Obergeneral hatte am 10. September den Belagerungszustand über die angegriffenen Provinzen decretirt, und der Graf Quatrebarbes, Militairgouverneur von Ancona, hatte am 12. September die Proclamation desselben durch Placate ausführen lassen. Mit Todesstrafe waren darin die mit den Waffen in der Hand ergriffenen Landeseinwohner bedroht; man vollführte jedoch diese Drohung nicht.

Am Abend des 16. September erblickte man viele Signalfeuer. Die Nachricht, daß in Osimo bereits die Tricolore wehe und die Vorhut der feindlichen Armee angekommen sei, ließ uns wenig Hoffnung auf das Erscheinen de la Moricière's und der Armee, deren Abmarsch von Spoleto am 12. September per Telegraph nach Ancona mitgetheilt war. Der Umstand, daß die piemontesische Armee jede Annäherung an Ancona sorgfältig vermied, gab der Vermuthung Raum, daß sie gegen die Marschlinie de la Moricière's rücke. Recognoscirungen gegen Osimo und Loretto bestätigten die Vermuthung, und die Gefangennehmung des Grafen Zichy in Senegaglia zeigte von der Ausdehnung der piemontesischen Linie.

Graf Lichy war nämlich am 16. Morgens mit zwei Kanonenböten längs der Küste bis Senegaglia gefahren und vor letzterem Orte allein ans Land gestiegen, um unbemerkt recognosciren zu können. Hierbei wurde er gefangen genommen, was auf die von ihm organisirte Hafenvertheidigung nicht ohne Einfluß blieb. Am 17. September wußte man, wie wir unten zeigen werden, be la Moricière mit der Armee in der Nähe und machte einen starken Ausfall gegen Loretto hin. Die Ausdehnung der piemontesischen Armee von Senegaglia über Jesi, Osimo bis Castelfidardo, berechtigte zu der Annahme, daß de la Moricière sie an diesem letzten Punkte würde durchbrechen können, wenn von Seiten der Besatzung Ancona's ihm irgend wie die Hand geboten würde. Die Recognoscirung nahm Stellung, als sie die Lager des Feindes zu Gesicht bekam, bereit, sich beim ersten Kanonenschuß auf dieselben zu werfen; allein de la Moricière konnte, wie wir unten sehen werden, an diesem Tage noch nicht angreifen, und die Ausfalltruppen kehrten Nachmittags nach Ancona zurück. Abends gegen 6 Uhr erschien im adriatischen Meer ein Geschwader von sechs Dampffregatten nebst einigen Aviso-Dampfern. Beim Vorbeisegeln an Ancona hielt man sie für französische. Die Beobachter mögen die grün-weiß-rothe Tricolore für die blau-weiß-rothe gehalten haben, weshalb sich in der Stadt die Nachricht verbreitete, daß ein französisches Geschwader kreuze. Dasselbe ging in der Höhe von Senegaglia vor Anker. Schon am anderen Morgen, den 18. September, wurde man des Irrthums inne; das Geschwader setzte sich schon früh in Bewegung, legte sich gegen 11 Uhr Vormittags vor Ancona und zeigte die italienische Tricolore. Sogleich wurde alarmirt und alle Positionen besetzt. Das unausgesetzte Heizen der Dampfer ließ auf die Absicht eines Angriffs schließen, und man beeilte sich, Alles zu dessen Begegnung vorzubereiten. Obgleich noch keine Anzeige von einer Blocade abgegeben war, schritt die Flotte gegen 12 Uhr zum Bombardement. Die Dampfer

fuhren einzeln hintereinander außerhalb der Schußweite süd-
wärts bis auf Höhe des Monte Pelago, wandten dann und
überschütteten, nordwärts an der Küste entlang fahrend, die
Festungswerke mit einem Hagel von Kugeln und Granaten. Die
Schiffe hatten auf jeder Seite 20 bis 40 Kanonenluken und
führten meistens gezogene Geschütze, wie uns bald die bei uns
einschlagenden Geschosse belehrten. Dieselben hatten die Form
von Flaschen mit kurzen Hälsen (cylindrisch-conisch) und waren
zweierlei Art.

Die eine größere Art war ohne Sprengladung aber hohl,
die Mundöffnung durch eine eiserne Schraube geschlossen; an-
gegossene Eisenschienen paßten in den Drall und in die Tiefe
der Züge.

Die zweite Art war kleiner und mit Sprengladung versehen, welche durch eine eigends präparirte Zündung, die sich
durch die messingne Mundlochschraube hindurchwand und durch
das Aufschlagen auf die Erde oder einen harten Gegenstand
entzündet wurde oder vielmehr werden sollte, explodirte und
das Geschoß auseinander sprengte oder auseinander sprengen
sollte. Die meisten dieser Geschosse eclatirten jedoch nicht, sei
es, daß die Zündung schlecht oder daß das Sprengpulver,
welches lose im Geschoß war, durch die Rotation zu Mehl-
pulver zerrieben, seine Sprengwirkung verloren hatte. Diese
Granaten waren mit drei Reihen von je vier angegossenen
Bleiknöpfen versehen, deren Höhe und Breite der Tiefe und
Breite der Züge des Geschützes entsprachen.

Das Feuer der Flotte richtete sich begreiflicher Weise zunächst gegen die am Meere gelegenen Werke Monte Pelago,
Monte Gardetto, Monto Capuccino, Monte Merano und den
Leuchtthurm. Da dieselben jedoch sehr hoch lagen, so wurde
eine starke Elevation der Schiffsgeschütze erforderlich, weshalb
die meisten Geschosse über jene Werke weg, theils in die Stadt,
theils in hinterliegende Werke einschlugen.

Von Seiten der Vertheidiger wurde das Feuer nach
Möglichkeit erwidert, jedoch ohne bedeutende Wirkung, d. h.
nicht etwa, daß unsere Artillerie schlecht schoß, im Gegentheil;
aber die vorhandenen Kaliber waren zu klein, um eine eklatante
Wirkung gegen die Schiffskörper zu äußern.

Die Redoute auf Monte Pelago hatte nur eine Batterie
leichter Feldartillerie; auf Monte Garbetto befanden sich 8 Geschütze (2 Stück Mörser, 2 Stück 24 pfder, 4 Stück 8 pfder);
auf Monte Capuccino waren 9 Geschütze (1 Stück 54 pfder,
2 Stück 32 pfder, die erst während des Feuers aufgestellt wurden,
2 Stück 16 pfder, und 4 Stück 12 pfder); auf Monte Merano
standen 4 Stück 12 pfder; in der gedeckten Batterie (Molo)
4 Stück 24 pfünder; im Leuchtthurm auf der Plattform desselben 1 Stück 54 pfder, 2 Stück 16 pfder, in den Kasemattirungen 6 Stück 32 pfder. Später erhielt Monte Garbetto
noch 1 Stück 32 pfder und 2 Haubitzen.

Die Artillerie von Monte Garbetto und Monte Capuccino
(letztere Italiener, die sich sehr brav hielten) hatte die Genug-
thuung, nach zweistündigem Feuern ein Schiff zu nöthigen,
aus der Schlachtlinie zu verschwinden, um seine Schäden aus-
zubessern.

Die Beschießung durch die Flotte, welche den Vertheidigern
fast ganz und gar unschädlich war, trug nicht wenig zur Erhöhung des Muthes derselben bei. Unter den Offizieren,
die diesen Umstand zur Hebung des Geistes der Mannschaft benutzten, zeichnete sich vor Allen durch echt ritterliche
Bravour der Graf Hanno Auersperg*) aus, der während des
ganzen Bombardements, hoch oben auf der Brustwehr des

---

*) Hanno Graf Auersperg, geb. den 3. Mai 1838, früher k. k. Ober-
lieutenant im 4. Cuirassier Regiment Kaiser Ferdinand, nahm als Oberlieutenant im 4. päpstlichen Bersaglieri-Bataillon an der Vertheidigung
von Ancona Theil. Nach dem Falle dieser Festung in die Heimath zurück-

Monte Gardetto sitzend, seine Pfeife rauchte und durch richtige Zutraulichkeit die Zuversicht seiner Mannschaft zu beleben wußte.

Die Musikbanden spielten in der Stadt und auf dem Monte Pelago und hielten die Mannschaft im besten Geiste. Plötzlich ertönt ein langandauerndes Hurrah, und von Mund zu Mund läuft die Nachricht: „de la Moricière ist da!" — Alles springt auf die Brustwehren, die Aufmerksamkeit ist nur noch nach dem Monte Pelago gewandt, woher der Hurrahruf seinen Anfang genommen.

De la Moricière kam wirklich, in seinem Gefolge einige Adjutanten und eine Abtheilung von 40 Cheveauxlegers (Deutsche). Ueberall wird er mit dem größten Enthusiasmus empfangen; Jeder schwenkt von ganzem Herzen seine Mütze ihm entgegen; ruhig reitet er an den Werken vorbei, den Gruß durch Abnehmen seiner Mütze erwidernd, aber nicht mit frohem Gesichte. — „Tout est perdu, l'armée n'existe plus!" rief er den Offizieren zu.

Ahnten wir danach, was geschehen sein mochte, so war uns doch die Ankunft de la Moricière's in Ancona ein Trost und ein Hoffnungsstern. Wir haben oben von einem Zwiespalt zwischen Offizieren österreichischer und schweizerischer Nationalität gesprochen und ein Ueberheben Ersterer über Letztere, welches seinen guten Grund in der geringen Kriegserfahrung und im unwissentlichen Vernachläßigen oft wichtiger Maßregeln hatte, erwähnt und müssen hier darauf zurückkommen, um zu zeigen, wie die Anwesenheit de la Moricière's in Ancona zur Rettung der militairischen Ehre aller betheiligten Offiziere geradezu nothwendig und erforderlich wurde.

gelehrt, rief ihn der Kanonenbonner von Gaëta, dem letzten Bollwerk der Legitimität, zum erneuten Kampfe für sein Prinzip. In einem Momente treuer Pflichterfüllung zerschmetterte ihm dort eine feindliche Granate den rechten Fuß, dessen Amputation er sich standhaft und scherzend unterzog. In Folge derselben starb er am 19. Februar 1861 im Hospital zu Gaëta, beweint von seinen Angehörigen, betrauert von seinen vielen Freunden und Bekannten.

Commandant der Sub-Division Ancona war der Oberstlieutenant de Gabby, ein Mann, der bei persönlicher Liebenswürdigkeit einen gewissen Leichtsinn nicht nur zur Schau trug, sondern auch durch seine Handlungen oder vielmehr durch Unterlassungen manifestirte. Sein gewöhnlicher Aufenthalt war die deutsche Bierbrauerei, wo er Meldungen empfing und Befehle austheilte. Zugleich erster Commandant von Ancona, hatte er an die Maßregeln zur Sicherung der Festung gegen einen Handstreich gar nicht gedacht, und diese Unterlassung entzog ihm beim Einrücken der Brigade de Courten auf die Reclamation deutscher Offiziere das Commando, welches de Courten selbst übernahm. Allein dieser General entsprach den Anforderungen, die man in solchen Zeiten an den Commandanten eines so wichtigen Platzes stellen muß, durchaus nicht. Zaudernd und schwankend unterlag er in der einen Stunde dem Einfluß der österreichischen, in der anderen dem der schweizerischen Partei, zu welcher letzteren er sich durch langjährige Gewöhnung mehr hingezogen fühlte, während er gegen erstere ein nicht ganz ungerechtfertigtes Mißtrauen hegte.

Der tüchtigste Offizier der schweizerischen Partei war der Capitain Castellaz, Platzcommandant von Ancona, ein Mann, welcher mit minutiöser Pünktlichkeit seinen Dienst verrichtete, dasselbe aber auch von allen Anderen verlangte. Die Maßregeln, welche er zur Controle des Dienstes einführte, erregten gegen ihn Abneigung, und als er bei Dienstvernachlässigungen ohne alle Rücksicht Bestrafungen eintreten ließ, dann auch selbst die Revision der zum Platzdienst bestimmten Truppen in Bezug auf Armirung und Adjustirung übernahm, traten ihm die Commandeure, welche dies für einen Eingriff in ihre Rechte hielten, entgegen. Castellaz bot diesem Wiederstande erfolgreich Trotz, bis die Ankunft des Obergenerals die Sachlage änderte.

Der Oberstlieutenant von Vogelsang, Commandeur des 1. Bersaglieri-Bataillons, stand im freundschaftlichen Verhält=

niß mit dem damaligen Commandeur des 1. Linien-Regiments, jetzigen General Kanzler. Dieses Verhältniß zwischen Beiden mochte durch die Einsicht von der Nothwendigkeit eines kräftigen Commandos hervorgerufen sein, diente aber dem ersten Offizier zur Stütze für persönliche Zwecke; er wollte seine Tüchtigkeit ins beste Licht stellen, um so weit wie nur irgend möglich zu avanciren. Der General de Courten, dem unter den damaligen Umständen tüchtige Adjutanten und Ordonanz-Offiziere Noth thaten, erhielt dazu von den deutschen Bataillonen nicht sehr fähige und solche, die vermöge ihrer früheren Lebensstellung gewiß sehr geeignet, den Handwerksstätten der Truppen vorzustehen, aber entschieden nicht im Stande waren, die Mittel der Vertheidigung zu erwägen.

Diese Verhältnisse führten eine Unsicherheit mit sich, welche der Vertheidigung gar bald hätte die Kraft benehmen müssen, eine Unsicherheit, der nur durch die Ankunft de la Moricière's ein Ende gemacht werden konnte.

Besiegt durch die Verhältnisse und die Uebermacht, steht de la Moriciére nach dem Urtheile der größten Feldherren der Gegenwart unbeeinträchtigt an seinem Ruhme da, und die Geschichte wird dieses Urtheil adoptiren; aber auch den Vertheidigern Ancona's wird dieselbe, Dank der Anwesenheit de la Moricière's, eine Anerkennung nicht versagen können.

Nachdem der Obergeneral am 10. September dem General Pimodan befohlen hatte, seine Brigade zusammenzuziehen, welche aus strategischen Rücksichten (Bewachung der Straße zwischen dem toscanischen und neapolitanischen Gebiete) bis gegen Narni und (Unterstützung der Expedition in den südlichen Provinzen) bis gegen Ponte-Lucano detaschirt war, und ihm über Spoleto, Foligno nach Loretto und Ancona zu folgen, marschirte er mit dem Reservecorps am 12. September Morgens von Spoleto nach Foligno, wo er sich mit dem von

Perugia zurückbeorderten 2. Bataillon 2. Schweizer-Regiments von der Brigade Schmidt vereinigte.

Von hier rückte der General die gewöhnliche Etappenstraße über Tolentino nach Macerata, welches er vor Ankunft des Feindes zu erreichen strebte, indem er zu dem Zweck einen Nachtmarsch machte. Wirklich kam er am 15. September Morgens daselbst an, bevor die piemontesischen Colonnen, welche durch den Widerstand von Pesaro aufgehalten worden waren, daselbst hatten eintreffen können, obgleich sie nur noch einen Marsch davon in der Richtung gegen Jesi standen.

Im Angesichte eines so überlegenen Feindes hätte de la Moricière die Ankunft des Generel Pimoban erwarten müssen, allein ein anderer Umstand bewog ihn davon abzusehen.

Der Kriegsminister hatte nämlich dem Obergeneral auf dessen Ansuchen nicht allein die Fonds zur Löhnung und Verpflegung der Truppen zugeschickt, sondern denselben sogar die für die Festung Ancona bestimmten Geldmittel zugefügt. Die schlechte Beschaffenheit des Trains erregte bei de la Moricière die Besorgniß, daß jene Gelder bei der geringsten Ueberraschung in die Hände des Feindes fallen könnten, und er beschloß deshalb, dieselben vor allen Dingen in Sicherheit zu bringen. Statt die Poststraße zu verfolgen, entwarf er den Plan, dieselbe zu verlassen und auf der Hügelkette zwischen den Becken der Potenza und der Chienta nach Porto be Recanati, das an der Meeresküste gelegen, zu marschiren. Hierdurch verlängerte sich zwar der Marsch, allein der Obergeneral konnte dort den für Ancona bestimmten Schatz auf dem von daher schriftlich requirirten Fahrzeugen einzuschiffen hoffen. Er hatte dem General Pimoban, der persönlich in der Nacht vom 15. zum 16. September bei ihm war, befohlen, jedes Gefecht um Macerata zu vermeiden und denselben Weg einzuschlagen, wie er selbst.

Der Marsch von Macerata nach Porto bi Recanati geschah unter den größten Anstrengungen. Erst gegen 6 Uhr

Abends kam die Colonne dort an, fand jedoch die von ihr in Ancona bestellten Barken nicht vor. Die Briefe waren nicht angekommen. Schon hatte man einige Schifferboote gemiethet, um das Geld darauf einzuschiffen, als man den kleinen päpstlichen Dampfer St. Paolo zu Gesicht bekam. Derselbe war durch den Grafen Quatrebarbes die Küste abwärts geschickt worden, um zu recognosciren, und kam nun, wie gerufen, um den Intendanten Ferry mit den sämmtlichen Geldmitteln nach Ancona zu bringen.

Kaum war die Einschiffung geschehen, als die Avantgarde meldete, daß piemontesische Dragoner Abends Loretto besetzt, dort ein Piket etablirt und die Thore geschlossen hätten. De la Moricière schickte darauf seine ganze Cavallerie (Guiden und 1 Escadron Gensd'armen) im Trabe vor, nachdem er das Commando der letzteren dem Grafen Palffy übergeben, weil die Gensdarmerie-Offiziere erklärt hatten, diese Gangart mit ihren Pferden nicht leisten zu können. Graf Palffy warf sich mit vieler Bravour auf den Feind und nöthigte ihn zum Verlassen des Ortes. Die Bewohner meldeten nun, daß auf der andern Seite am Fuße des Hügels, auf welchem Loretto liegt, eine große Infanterie-Colonne nebst Artillerie die Debouchéen nach der Musone-Ebene besetzt und Willens schien, während der Nacht Loretto anzugreifen.

De la Moricière hielt es in Anbetracht der Umstände, daß er die Colonne des General Pimodan am andern Morgen erwarten und für dieselbe Lebensmittel besorgen müsse, für durchaus nothwendig, noch an demselben Abend Loretto zu besetzen, und dirigirte deshalb seine Infanterie, obgleich er derselben eine zweistündige Ruhe versprochen, sogleich dorthin.

Die Einwohner, welche sich sehr bereitwillig zeigten, erzählten, daß der Feind die Brücken auf der Straße nach Osimo und Camerano zerstört und dahinter Verschanzungen errichtet, die mit Artillerie besetzt seien. Die Nacht war dunkel, und man konnte die Wahrheit dieser Angaben nicht anders prüfen als durch eine Recognoscirung. Graf Palffy unternahm sogleich mit weniger Begleitung einen Ritt gegen die feindlichen Vorposten. Kaum einige tausend Schritte von Loretto entfernt, erhielt er aus einem feindlichen Geschütz eine Kartätschenladung, welche ihm sein Pferd tödtete und einige seiner Begleiter verwundete.

So weit es die Dunkelheit erlaubte, sich von der Stellung des Feindes zu überzeugen, geschah dies. Man stellte danach Vorposten aus, welche am andern Morgen, den 17. September, als man die feindliche Stellung besser übersehen konnte, rectificirt wurden. — Die am 17. September vorgenommenen Recognoscirungen ergaben:

1. Hinsichtlich des Terrains:

Nördlich von dem Hügel, auf dem Loretto liegt, fließt ein kleiner Fluß, der Musone, welcher sich ungefähr 1½ Meile unterhalb der Stadt ins Meer ergießt. Das Thal desselben hat verschiedene Breite, zwischen 5000 bis 6000 Schritt, und ist mit Bäumen bepflanzt und von Gräben durchzogen.

Eine Meile unterhalb Loretto fällt links in den Musone ein ziemlich bedeutender Nebenfluß, der Aspio, und in dem Winkel, welchen diese beiden Flüsse vor ihrer Vereinigung bilden, erstreckt sich die Hügelreihe, auf welcher Castelfidardo liegt. Auf dem Hauptberge der Hügelgruppe, ungefähr 2 Meilen hinter Castelfidardo, ist die Stadt Osimo gelegen.

Oestlich vom Aspio und auf seinem linken Ufer erhebt sich stufenweise eine Hügelgruppe, welche um den Monte di Ancona gelagert ist und zwischen dem Fluß und dem Meere liegt. Das Thal des Aspio ist nicht so breit als das des Musone, doch hat es im Verein mit diesem eine ziemlich bedeutende Ausdehnung, welche ein fast völlig freies Terrain darbietet.

Um von Loretto nach Ancona zu gelangen, muß man in

das Thal des Musone hinabsteigen, eine hölzerne Brücke über diesen Fluß, so wie bald darauf eine zweite über einen Nebenfluß, Vallato, passiren, welcher letztere steile Ufer und einen starken Strom hat. Unmittelbar hinter der letzten Brücke theilt sich die Straße in zwei gleich gute Linien, von denen die eine (Poststraße) das Thal des Musone aufwärts in sanfter Erhebung über die Hügel nach Osimo führt, Castelfidardo rechts, während die andere, dieses links lassend, ziemlich steil nach dem Weiler Crocette, von dort hinab in das Thal des Aspio, den man auf einer Steinbrücke überschreitet und dann hinauf über die Hügelgruppe östlich dieses Flusses durch das Dorf Camerano direct nach Ancona geht.

Außer diesen beiden Chausseen führt noch ein dritter Weg dorthin. Derselbe zweigt sich von der Chaussee von Loretto nach Porto di Recanati ab, führt auf eine Furth des Musone unterhalb der Einmündung des Aspio, nach Umana und von da über Sirola, Massignano, Poggio, am Meere entlang nach Ancona, Camerano links lassend. Gangbar war derselbe in seiner ganzen Ausdehnung für alle Waffengattungen, vielleicht eine kurze Strecke von der Furth bis zur Straße von Crocette nach Umana ausgenommen, welche jedoch mit einiger Vorsicht und Anstrengung auch von Fuhrwerk passirt werden konnte. Außer dieser Furth befindet sich vor der Einmündung des Aspio eine zweite, gegenüber der Hügelreihe von Castelfidardo, ebenfalls für alle Truppengattungen gangbar, zu der man auf beiden Seiten durch bequeme Zugänge gelangt, von welchen der linksseitige in den Weg von Crocette nach Umana endigt.

2. Hinsichtlich des Feindes.

Infanterie-Posten nebst Artillerie hinter Verschanzungen zwischen den beiden aufgenommenen Brücken über den Musone und den Valato, denen als Soutiens am Fuße der Hügelgruppe zwei Cavallerie-Regimenter und 8 Geschütze dienten.

Infanterie-Colonnen auf den Abhängen von Castelfidardo,

hinter Gesträuch in Hohlwegen gedeckt aufgestellt, namentlich durch zahlreiche Artillerie verstärkt bei zwei Gehöften, welche auf dem Plateau und dem Abhange sich befanden. Starke Reserven in Castelfidardo.

Camerano, Osimo und alle Dörfer dazwischen mit starken Infanterie- und Artillerie-Detaschements besetzt.

Nachmittags fand auf der ganzen piemontesischen Linie eine starke Bewegung statt, über deren Zweck wir durch Landleute aufgeklärt wurden. Der Feind hatte nämlich in Erfahrung gebracht, daß die Division des General Pimodan noch nicht in Loretto sei, und, nicht wissend, daß de la Moricière derselben eine andere Etappe vorgeschrieben, wollte er ihren Marsch dahin und die Vereinigung mit de la Moricière hindern. Dazu marschirte eine piemontesische Division von Osimo nach Recanati (an der Straße von Macerata nach Loretto gelegen und nicht mit Porto di Recanati zu verwechseln) und nahm dort Schlachtstellung. Während dessen debouchirten 3 piemontesische Bataillone aus Castelfidardo nach der Musone-Ebene, und die hinter den Vorposten als Soutiens aufgestellte Cavallerie begab sich ebenfalls nach jener Seite. Allein noch bevor diese Bewegungen beendigt waren, sah man drei Miglien hinter Loretto die Spitzen der Colonne Pimodan, die auch Abends wohlbehalten in Loretto eintraf, wo man Mühe hatte, sie mit dem nöthigen Proviant zu versehen.

Am Morgen des 18. September hatte der Feind seine Positionen in den Gehöften, welche den Furthen (2000—3000 Schritt) gegenüberlagen, durch Artillerie bedeutend verstärkt, so daß er diese letzteren unter wirksamem Feuer hatte.

Nach den Resultaten der Recognoscirung konnte der Obergeneral die Routen über Osimo und Camerano nicht einschlagen; denn selbst wenn er sich mit voraussichtlich ganz unverhältnißmäßigen Verlusten in den Besitz der Brücken über den Musone und Balato gesetzt und den Feind im offenem Felde geschlagen hätte, so würden doch die beiden durch Position und Besatzung starken Städte seinen Marsch so lange aufgehalten haben, bis die ganze piemontesische Armee um ihn zusammengezogen, und ihn zur Capitulation genöthigt haben würde. Es blieb daher Nichts übrig, als die dritte Straße zu wählen, um so mehr, als nach allen Nachrichten und den Wahrnehmungen der recognoscirenden Offiziere der Feind sich noch nicht bis ans Meer ausgedehnt. Dort würde es de la Moricière also nur mit dem linken Flügel des Feindes zu thun gehabt haben, wobei er sich entweder ans Meer oder an unwegsames Terrain hätte lehnen können.

Die Rücksicht, daß man durch die schlechte Beschaffenheit des Weges vielleicht genöthigt werden könnte, einen Theil des Fuhrwerks zurückzulassen, war in der gegenwärtigen Lage die am wenigsten gewichtige.

Der Ober-General disponirte nun:

General Pimodan mit 4½ Bataillonen, 12 Geschützen und 3 Eskadronen passirt die Furth gegenüber den Höhen von Castelfidardo, nimmt die Gehöfte auf diesen Höhen und sucht sie so lange zu halten, bis der Convoi die Furth unterhalb der Einmündung des Aspio passirt hat. Abmarsch dieser Colonne um 8 Uhr Morgens von Loretto.

Oberst Cropt mit 4 Bataillonen und ½ Eskadron Gendarmen bildet die zweite Linie und die Eskorte des Convoi's. Abmarsch um 9 Uhr Morgens von Loretto.

Der General Pimodan marschirte nun in folgender Marschordnung ab:

Avantgarde:

1 Bataillon Carabinieri,

4 Geschütze,

Gros:

1 Bataillon Jäger (1. Cacciatori),

½ Bataillon Franco-Belgier,
8 Geschütze.

Reserve:
1 Bataillon Jäger (2. Cacciatori),
1 Bataillon Bersaglieri,
3 Escadronen.

Die Cavallerie sollte am linken Ufer des Mufone die rechte Flanke der Bewegung decken.

Das linke Ufer des Flusses war nur von einigen feindlichen Bersaglieri besetzt, welche, in den Gärten neben der Furth versteckt, Feuer auf unsere Carabinieri gaben. Diese gingen jedoch schnell und entschlossen über den Fluß und ralliirten sich in einer Vertiefung am linken Ufer; ihnen folgten die Geschütze der Avantgarde und die Infanterie des Gros. Die drei Bataillone wurden sofort am linken Ufer hinter einer Vertiefung in drei kleine Colonnen unter dem braven Obersten Corbucci formirt, und erhielten gleich darauf Befehl, sich des ersten Gehöfts zu bemächtigen. Dasselbe war von einem Bataillon vertheidigt, während das auf dem Plateau 900 Schritt dahinter befindliche nebst dem daran stoßenden Gehölz von 3 Bataillonen und Artillerie besetzt war, welche die Abhänge nach allen Richtungen bestrich.

Unterdessen passirten die übrigen Geschütze und Munitionswagen die Furth. Die Bataillone der Reserve waren rechts derselben in Gärten hinter Rohrfeldern in Massen aufgestellt. Einige Kugeln schlagen in das 2. Jäger- (Cacciatori-) Bataillon. Der Major hatte die unglückliche Idee, eine Compagnie als Tirailleurs in den Rohrfeldern aufzulösen, und diese an das Feuer nicht gewöhnten Soldaten schossen, wie das gewöhnlich geht, um sich Muth zu machen, in der Richtung ihre Gewehre ab, woher die Kugeln kamen, und verwundeten dadurch einen Mann der zum Angriff vorgehenden Truppen. Der General Pimodan sorgte dafür, daß dieses Feuer sogleich unterdrückt wurde. Die gegen das erste Gehöft gerichteten Infanterie-Colonnen fanden dasselbe stark vertheidigt, doch warfen sie den Feind mit großer Bravour aus demselben, machten 100 Gefangene unter einem Offizier und richteten sich zur Vertheidigung dort ein.

Der Oberst Blumenstiel, welcher mit sehr großer Umsicht die Artillerie führte, ließ nun zwei Geschütze am Fuße des Abhangs zur Unterstützung einer Vertheidigung der genommenen Position auffahren und schickte zwei Haubitzen unter dem Lieutenant Danubier nach derselben zur Vorbereitung eines weiteren Angriffs auf das zweite Gehöft. Kurz nachher kamen auch die übrigen 4 Geschütze der Batterie Richter dort an und traten mit gutem Erfolg in Wirksamkeit. Der Capitain Richter, obgleich verwundet, blieb im Feuer, bis ihn eine neue Verwundung vom Pferde warf; der Lieutenant Danubier glich durch Muth und gründliche Kenntniß der Waffe einigermaßen das Mißverhältniß zwischen unserer und der feindlichen Artillerie aus.

Unterdessen hatten die Bataillone der Reserve den Fluß passirt und waren etwa 2500 Schritt weiter zurück hinter einem Gebüsch aufgestellt worden.

Der Moment war nun gekommen, das zweite Gehöft anzugreifen.

Der General Pimoban formirt eine kleine Colonne unter Commando des Major von Becdelièvre aus Franco-Belgiern und aus Abtheilungen der Carabinieri und des 1. Jäger-Bataillons.

Trotz heftigen Gewehrfeuers vom Gehöft und dem daran stoßenden Gehölz geht diese Colonne entschlossen vor, durchläuft 700 Schritt ungedeckt und kommt auf dem Rande des Abhangs an. In dem Augenblick erhält sie ein Linienfeuer von einem deployirten Bataillon, welches so viele Leute außer Gefecht setzt, daß sie sich zurückziehen muß. Obgleich dies eilig, so geschieht es doch in Ordnung; denn als der verfolgende Feind sie bis auf 15 Schritt eingeholt, macht sie plötzlich Kehrt, empfängt ihn mit einem wohlgezielten Feuer und stürzt sich dann mit dem Bajonett auf denselben. Der Feind, vollständig consternirt, weicht eilig zurück und läßt den Unsrigen Zeit, das Gehöft zu erreichen. Diese Bewegungen wurden durch das Feuer unserer Artillerie unterstützt, welche unerschütterlich Stand hielt, trotzdem ihr die feindlichen Colonnen so nahe gekommen waren, daß sie deren Regimentsnummern auf den Tschakos erkennen konnte.

Der General Pimodan, im Gesicht verwundet, bleibt auf seinem Posten. Der Feind hatte viele Verluste, aber auch die unsrigen fallen um so mehr ins Gewicht, als unsere Zahl nur gering ist. Der General de la Moricière, der den Gang des Gefechtes genau beobachtet, sah bald, daß die zweite Position nicht mit den oben befindlichen Kräften genommen werden würde, und ließ deshalb das 1. Schweizer-Regiment unter Commando des Obersten Alet aus der zweiten Linie bis in die Höhe der Reserve der ersten vorrücken und durch die beiden Bataillone dieser die in der eroberten Position befindlichen Truppen verstärken.

Außerdem schickt er der Cavallerie den Befehl, über den Fluß zu gehen und die rechte Flanke unserer Colonnen zu decken.

Der Feind geht unterdessen zum neuen Angriff gegen das Gehöft vor. Seine Tirailleurs avanciren aus dem Walde und von der Höhe und fügen unsern in Masse hinter den Gebäuden aufgestellten Reserven empfindlichen Schaden zu. Der Major Becdelièvre nimmt die Ueberreste seiner ersten Colonne zusammen und stürzt sich auf die feindlichen Tirailleurs, welche sich eiligst in das Gehölz, woher sie gekommen, zurückziehen.

Mittlerweile werden die von de la Moricière befohlenen Bewegungen der Infanterie prompt ausgeführt. Er läßt das 1. Schweizer-Regiment, nachdem es seine Stellung erreicht, be=

plodiren, um die Wirkung der feindlichen Geschosse so gering wie möglich zu machen. Aber schon während des Deployements schlagen die feindlichen Granaten in das Regiment, tödten und verwunden viele Leute. Während de la Morieière an ihm vorüber reitet, erschallt aus den Reihen der Ruf: „En avant!" doch gleich darauf bringen die fortwährend einschlagenden Granaten einen solchen Schrecken in die Linie, daß das Regiment in wilder Flucht auseinanderstäubt. Vergeblich waren die Versuche des Obergenerals und des tapfern Regiments-Commandeurs, Oberst Alet, die Ordnung wieder herzustellen. Das zweite Reserve-Echelon, das gar keine Verwundeten hatte, wird dadurch von demselben Schrecken erfaßt und wendet sich zur Flucht.

In dem Augenblicke sind das 1. Jäger- und das 2. Bersaglieri-Bataillon an dem ersten Gehöft angekommen, wo der General Pimodan hielt.

Das 1. Jäger-Bataillon sieht von dort die Flucht der Reserven und stürzt gleich darauf ebenfalls in wilder Flucht den Abhang hinab.

Nur das 2. Bersaglieri-Bataillon (Deutsche) unter seinem braven Major Fuchtmann hält Stand und erfüllt mit aufopfernder Bravour seine Pflicht.

Der Rest der Artillerie, welche auf der Chaussee stand, von wo sie wegen der breiten Gräben nicht deployiren konnte, wird ebenfalls von dem Schrecken ergriffen. Die Kanoniere versuchen umzukehren; da dies jedoch auf der Chaussee nicht geht, so schneidet ein Theil derselben die Stränge durch und flüchtet mit den Pferden querfeldein.

Inmitten dieser allgemeinen Flucht sucht de la Morieière die Infanterie hinter Aufwürfen und Häusern zu sammeln, allein umsonst. Die Obersten Cropt und Alet, die zwischen den Flüchtlingen zu Pferde halten, haben nicht die geringste Einwirkung auf sie. De la Morieière befiehlt deshalb diesen beiden Offizieren, ihre Versuche hinter den Ufern und Dämmen jenseit des Musone von Neuem aufzunehmen, die gesammelten Truppen bis zur Einmündung des Aspio zu führen, sie dort die Furth passiren zu lassen und auf den Weg nach Umana zu dirigiren.

Unterdessen dauert das Gefecht an dem Gehöfte fort; de la Moricière begiebt sich dort hin und trifft den General Pimodan tödtlich verwundet; er übergiebt dem Obersten Graf Coudenhove das Commando und besiehlt ihm, falls er sich nicht mehr halten könne, gegen den Fluß zurückzugehen, aber die äußersten Anstrengungen zu machen, um die Artillerie zu retten.

Um ihn darin unterstützen zu lassen, will de la Moricière die Cavallerie an einem geeigneten Punkte aufstellen. In der Ebene angekommen, findet er bereits die Schwadron Cheveaux legers (Deutsche), geführt vom Grafen Zichy, in einer sehr vor= theilhaften Stellung; doch der Rest der Cavallerie ist nicht zu sehen. Der Major Fürst Odescalchi, Commandeur der ge= sammten Cavallerie, hatte nach erhaltenem Befehl die Furth passiren wollen; die Cheveaux legers und die Guiden hatten seine Anordnungen ausgeführt, allein die 1. Schwadron der italienischen Dragoner hatte Kehrt gemacht, sich auf die 2. geworfen und diese in Unordnung gebracht. Fürst Odescalchi versuchte die Ordnung wiederherzustellen; mittlerweile hatten aber die ein= zelnen Schwadronen sich aus dem Auge verloren. De la Moricière schickt nun Ordonnanz=Offiziere ab, um die Cavallerie auf die Cheveaux legers aufschließen zu lassen. —

Ein großer Theil der Flüchtlinge lief den Musone hinab, ohne auf die andere Seite zurückzugehen. Der Obergeneral beauftragt deshalb die Capitains Porgeril und Pepri und den Lieutenant Maistre, zu versuchen, jene Ausreißer bataillons= weise zu sammeln.

Glücklicherweise verhinderten Pulverrauch und Gebüsch

den Feind, die gewaltige Unordnung in unseren Linien zu bemerken; er schien keine Kenntniß davon zu haben und ließ seine Colonnen, welche die Positionen vor uns einnahmen, unbeweglich.

Jetzt beschloß der Ober-General, alle Truppen, welche noch in seinen Händen waren, schleunigst auf die Route nach Ancona zu dirigiren, selbst auf jede Gefahr hin. Einen Rückzug nach Loretto hielt er deshalb für unangemessen, weil dort einmal Lebensmittel fehlten, dann aber weil er den geschlagenen Truppen nicht den Muth zutraute, einen Sturm auf Loretto abzuwehren.

Unterdessen war es den Offizieren, welche de la Moricière abgeschickt, um die Ausreißer zusammeln, gelungen, 400—500 Mann zu vereinigen und sie auf den Weg nach Umana zu dirigiren. Der Capitain Graf Zichy erhielt den Befehl, eine Furth in Aspio aufzusuchen und dann mit seiner Schwadron nach Umana zu gehen, um der Infanterie als Vorhut zu dienen.

Mit großer Geschicklichkeit entledigte sich dieser Offizier seines Auftrages, obgleich bei dem Aufsuchen der Furth ein Zug seiner Schwadron abkam und dieselbe nicht wiedergewinnen konnte.

Ueberall ließ nun de la Moricière Offiziere zurück, welche den Truppen die Route angeben sollten, die er genommen; dann begab er sich zur Infanterie-Colonne, welche, wie wir oben angegeben, auf den Weg nach Umana dirigirt war. Dieselbe wurde commandirt von den Majors Dupasquier und Bell. An ihrer Spitze neben den Tambours, welche den Regimentsmarsch schlugen, marschirte der Capitain Delbeck mit der Fahne des 1. Schweizer-Regiments; die alten Soldaten (vieux troupiers) hatten sich um dieselbe geschaart und waren guten Muths. Die Spitze unserer Cavallerie überzeugte sich, daß Umana und die Route frei sei, wie es uns die Landleute angaben.

Während dessen hatte der Oberst Graf Coudenhove mit der Division Pimodan noch einige Zeit das am Anfange des Gefechtes genommene Gehöft gehalten, dann aber dieses verlassen und, die Artillerie voraus, sich gegen den Musone zurückgezogen.

Bei diesem Rückzuge hatte das 2. Bersaglieri-Bataillon (Deutsche) die Arrière-Garde und rettete durch seine feste Haltung die ganze Division nebst dem größten Theil der Geschütze.

Von den 12 Geschützen, welche die Furth passirt hatten, mußten nur drei nebst ihren Munitionswagen zurückgelassen werden, weil die Fahrer mit den Pferden davon geritten. Von der Infanterie blieben 150 Mann zurück. Die Artillerie, welche zuerst ihren Rückweg durch die Furth angetreten, war sogleich auf der Straße gegen Loretto zurückgefahren, unbekümmert um die von de la Moricière aufgestellten Offiziere, welche ihr die von ihm eingeschlagene Route angaben. Die Infanterie folgte diesem Beispiel. Die Generalstabsoffiziere, welche kein Gehör fanden, verließen zum Theil die Truppen, um wieder den Obergeneral zu erreichen.

Der Lieutenant Uhde fuhr mit 2 Geschützen noch unaufhaltsam über Loretto hinaus, zuerst nach Porta di Recanati, wo er den Entschluß faßte, sich mit den Geschützen einzuschiffen, um nach Ancona zu gelangen. Als er in diesem Hafen keine Schiffe fand, fuhr er weiter bis Cività nuova. Unterwegs traf er den Wagen de la Moricière's, bei dem ein Gendarmerie-Wachtmeister hielt, welcher ihn aufforderte, die Kisten aus dem Wagen mitzunehmen. Uhde that dies und wurde, nachdem er sich mit seinen Geschützen, den Kisten und den Mannschaften in Cività nuova eingeschifft und, an der feindlichen Flotte vorbei, in den Hafen von Ancona eingelaufen, der Ueberbringer des Portefeuilles und verschiedener anderer wichtiger Sachen de la Moricières, der ihn dafür zum Capitain ernannte.

Während die kleine Colonne, welche vom Schlachtfelde in der Richtung nach Ancona marschirte, sich Umana näherte, erschienen plötzlich piemontesische Bersaglieri, deren Tirailleurs die linke Flanke und die Queue unserer Infanterie beunruhigten. Diese antwortete durch Gliederfeuer, welches ungefähr drei Viertelstunden dauerte, worauf sie sammt den Stabsoffizieren gegen das Meeresufer floh und die Waffen streckte.

Nur die 80 Mann, welche um die Fahne und den Capitain Delbeck geschaart waren, setzten ihren Marsch in der Richtung, die der General bezeichnet hatte, fort. Die piemontesischen Bersaglieri begnügten sich damit, ihre Gefangenen wegzuführen, und beunruhigten nicht weiter unsere kleine Colonne, welche, um ganz sicher zu gehen, von Sirola ab ihren Marsch auf sehr beschwerlichem Fußwege hoch am Meeresufer entlang nach Poggia und weiter nach Ancona fortsetzte.

Unzweifelhaft handelte am 18. September die Flotte, als sie zum Bombardement von Ancona schritt, im Einvernehmen mit der Landarmee, welche bei Castelfidardo engagirt, bei einem Ausfall der Besatzung vielleicht nicht im Stande gewesen wäre, den Marsch de la Moricières nach der Festung zu hindern.

Das Bombardement hörte gegen 5 Uhr Nachmittags auf; die Flotte legte sich wieder auf ihren Ankerplatz und General de la Moricière gab den Befehl, die ausgerückten Truppen in die Kasernen oder Lagerplätze zurückzuziehen.

Am 19. September trat in Ancona ein regeres Leben und Prinzip in die Vertheidigungsanstalten.

Zuerst gab der Obergeneral eine Masse von Beförderungen heraus, die ihren Grund entweder in dem bis dahin bewiesenen Eifer oder in der bei den verschiedenen Gelegenheiten bewiesenen Bravour hatten, und die den Eifer sämmtlicher Offiziere sehr belebten.

Das Commando wurde folgendermaßen vertheilt:
General Kanzler die Citadelle und die Außenwerke;
General de Courten die Hauptenceinte und das Lazareth;
Oberstl. Gut des 1. Lin. Regiments: Platz-Commandant.
Fronten-Commandanten wurden:
Oberst de Gaddy;
Major von Einem, Commandant des 5. Bersaglieri-Bataillons;
Capitain Castellaz.

Zur Ausführung der nothdürftigsten Arbeiten, zum Löschen bei entstehendem Brande u. dergl. wurde eine Arbeiter-Compagnie unter dem Capitain Popiel (früher im österreichischen Genie-Corps) zusammengestellt.

In Ancona befanden sich nach de la Moricieres Ankunft folgende Streitkräfte:

Infanterie:
2 Bataillone 1. Linien-Regt. (Indigeni) 1200 Mann.
½ Bataill. 2. Schweizer-Regt. . . . . 300 "
3¼ Bataillone Bersaglieri (1., 3., 4. und
  5. Bat.) . . . . 2600 "
Cavallerie:
Cheveauxlegers (deutsche) . . . . . 40 "
Artillerie:
3 Feldbatterien (à 4 Geschütze) . . . 300 "
Festungs- und Auxiliar-Artillerie . . 380 "
Gens'darmerie . . . . 400 "
Auxiliar-Truppen . . . . 200 "
Matrosen . . . . 50 "
     Im Ganzen 5470 Mann.

Am Vormittage dieses Tages sprach man von Capitulation, ja man erzählte sich, daß die Consuln der fremden

Mächte beim Obergeneral gewesen seien, um ihn zur Capitulation zu bewegen. Natürlich waren diese Gerüchte grundlos und dadurch entstanden, daß der französische General-Consul dem Obergeneral Mittheilung von der oben erwähnten amtlichen Depesche gemacht und derselben noch Weiteres hinzugefügt hatte; denn am folgenden Tage besagten große Placate, daß der französische Gesandte von Turin abgereist, daß die Vorhut der Franzosen bei Spoleto angekommen, und daß das französische Geschwader des Mittelmeeres Befehl erhalten, von Neapel in's adriatische Meer zu gehen.

Unterdessen langten auch einzelne Nachrichten von der geschlagenen Armee an.

Der Oberst Graf Coudenhove hatte einen großen Theil der Versprengten in Loretto gesammelt und sich dort zur Vertheidigung eingerichtet. Allerdings hatte er, die Uebermacht des Feindes kennend, dies nur gethan, um eine günstige Capitulation zu erlangen, und General Cialbini, der die Entschlossenheit der großen Mehrzahl der päpstlichen Streiter am Tage von Castelfidardo erkannt, bewilligte seinerseits den geschlagenen Truppen eine ehrenvolle Capitulation. Nach dem Abzuge aus Loretto mit klingendem Spiel legten sie die Waffen nieder, worauf sie als Kriegsgefangene nach Livorno geführt, von wo die Mannschaft nach Alessandria geschickt, die Offiziere aber nach Genua eingeschifft wurden.

Am 20. September Nachts bombardirte die Flotte abermals und hielt Alles auf den Beinen. Der Erfolg dieses Bombardements war so gering, daß nur der moralische Muth der Truppen gehoben wurde.

Merkwürdig blieb, daß von der Landseite sich der Feind durchaus nicht der Festung näherte. Was bedeutete diese Zögerung?

Der etwaige Mangel an Belagerungsgeschütz war keine genügende Erklärung dafür. Seine gezogenen Geschütze konnten im Verein mit den Flottengeschützen den Belagerten vorläufig die Hölle recht heiß machen. Man suchte nach Gründen und muthmaßte das Erscheinen der Franzosen zu unserem Entsatz; in Wahrheit war der Grund zu dieser Zögerung die Vereinigung der beiden in den Kirchenstaat eingefallenen piemontesischen Armee=Corps, welche am 22. September zu Tolentino stattfand und das Corps, das zur Belagerung von Ancona verwendet wurde, 50,000 Mann stark machte. Nach dieser Vereinigung nahm der General Fauti sein Hauptquartier in Loretto; das 5. Armee=Corps unter Cialdini blieb in erster Linie gegen die Festung, das 4. unter della Rocca trat in die zweite.

Am 21. September Abends verbreitete sich die Nachricht, daß der Feind in kleinen Colonnen gegen Ancona marschire. Man vermuthete einen Sturm. Um 11 Uhr wurde die Besatzung auf ihre Positionen beordert. Es regnete, die Nacht war dunkel und ganz zu einem Ueberfall geeignet.

So selten in Italien während des Sommers der Regen ist, so heftig tritt er vorkommenden Falls ein. In kurzer Zeit war der Boden durch und durch erweicht, und wir lagen über und über im Koth. Der schon oben erwähnte Militair=Gouverneur von Ancona Graf Quatrebarbes hatte sich, bewaffnet mit einer Bajonettbüchse, in Begleitung eines jungen französischen Legitimisten, vom Corps der Guiden, auch bei uns eingefunden und suchte uns in einem Gespräch, das sich um die zu erwartende französische Hilfe drehte, zu beweisen, daß die Haltung der Bevölkerung Frankreichs den Kaiser nöthige, für die bedrohten Rechte der Kirche einzutreten, und daß deshalb ein Entsatz durch die Franzosen zu erwarten sei. Sarkastisches Lächeln flog über die Züge des jungen Guiden, welcher, obwohl für dasselbe Princip kämpfend, den Kaiser Napoleon anders beurtheilte. „Die Franzosen werden mit dem Dampfschiff von Spoleto kommen!" warf er dazwischen, darauf hinweisend, daß wir bereits bis über die Knöchel im Wasser standen.

Die Nacht verlief, ohne daß ein Feind sich sehen ließ, ohne daß unsere Vorposten auch nur eine Bewegung seinerseits gemeldet hätten. Der Morgen brach an, und als bis 8 Uhr die Befürchtungen wegen eines Sturms sich zerstreut hatten, rückten die Truppen wieder in ihre Kasernen resp. auf ihre Lager= oder Bivouacsplätze.

Am Tage des 22. September ließ man uns in Ruhe, und schon hofften wir auf einen erquickenden Schlaf im Bette, als um 12 Uhr Nachts der Donner der Geschütze uns abermals auf die Beine rief.

Diesmal handelte es sich um Abwehr einer von der Flotte beabsichtigten Landung. Die Schiffe befanden sich in Bewegung, allein die Schüsse von unserer Seite belehrten sie, daß unsere Posten aufmerksam waren.

Die am Meere belegenen Werke erhielten volle Infanterie=Besatzung, welche die Posten verstärkte und stark patrouillirte. Es wurde während der Nacht wenig geschossen; bei Tagesgrauen jedoch eröffnete die Flotte das Feuer gegen Monte Capuccino, Monte Merano und den Leuchtthurm, später auch gegen den Monte Gardetto. Gegen 10 Uhr hißte das Admiralschiff die weiße Flagge auf; es trat eine Gefechtspause ein, in welcher von Seiten der Flotte ein Offizier in die Stadt mit der Aufforderung zur Uebergabe und Notification der Blokade geschickt wurde. Eine Stunde später belehrte uns das durch die Flotte von Neuem begonnene Bombardement, daß de la Moricière im Vertrauen auf den Muth und die Ausdauer der Truppen alle Anträge abgewiesen und daß unsere Arbeit für heute erst begonnen.

Der Geschützkampf, welcher sich jetzt entspann und der hauptsächlich gegen Monte Gardetto und Monte Merano gerichtet war, dauerte nun ununterbrochen 6 Stunden lang.

Monte Gardetto empfing während dieser Zeit 3000 Schüsse von den feindlichen Geschützen, ohne daß die wenigen einschlagenden Geschosse bedeutenden Schaden angerichtet hätten. Die Offiziere ermunterten und belebten die Mannschaften durch Scherz und Bravour; Alles arbeitete mit Freuden. Der Oberlieutenant Knott von der Artillerie leistete mehr als das Mögliche, und als gegen 2 Uhr de la Moricière, der persönlich alle Werke besuchte, auf Monte Gardetto erschien, die Leistungen Knott's sah und dabei zugegen war, wie das Steuerruder eines feindlichen Schiffes zerschossen wurde, ernannte er Knott zum Capitain, so wie den Kanonier, der das Geschütz gerichtet, zum Offizier.

Diese Verfahrungsweise de la Moricière's erregte bei den Truppen Beifall und Eifer, obwohl wir von unserem Standpunkte solche für bedenklich halten. Gerade in diesem speciellen Falle war der zum Offizier beförderte Kanonier ein Mensch, dessen Vergangenheit ihn zum Offizier nicht geeignet erscheinen ließ, und der selbst in der Uniform des Offiziers nicht mit seiner Vergangenheit brach, sondern in Wien dem päpstlichen Offizier=Corps durch seine Handlungsweise Unannehmlichkeiten bereitete. Außerdem hatte dieser Fall bei anderen Individuen die irrthümliche Meinung hervorgebracht, daß sie für irgend eine — natürlich ihrer eigenen Beurtheilung unterliegende — That ihre Beförderung zum Offizier als ein Recht beanspruchen, dessen Vortheile sie ohne Weiteres geltend machen könnten, da dessen Gewährung nur durch die inzwischen eingetretene Capitulation nicht zum Vollzug gekommen, eine Meinung, welche solchen Individuen zu Schwindeleien in allen Ländern Veranlassung gegeben hat.

Gegen 4 Uhr Nachmittags erschienen vom piemontesischen Landheere zwei Offiziere als Parlamentaire, welche von Cialdini die Aufforderung zur Uebergabe von Ancona brachten und im Weigerungsfalle anzeigen sollten, daß dasselbe von der Landseite cernirt und bombardirt werden würde.

De la Moricière soll auf diese Anzeige „Eh bien!" geantwortet haben.

Als die Flotte ihr Feuer einstellte, trat auch bei uns das Bedürfniß nach Ruhe und Erquickung ein; die Truppen rückten in ihre Quartiere, die Offiziere begaben sich zum großen Theil in das deutsche Brauhaus, wo sie sich die Erlebnisse des Tages erzählten, froh nach so starkem Feuer sich alle wiederzusehen.

Am anderen Tage, den 24. September, lief gegen 10 Uhr Morgens die Kunde von Werk zu Werk, daß die piemontesische Landarmee sich von allen Seiten der Festung nähere, und schon gegen 12 Uhr sahen wir alle außerhalb der Schußweite liegenden Höhen und die über dieselben führenden Straßen von Truppen besetzt, welche ihre Zelte auf den Höhen aufschlugen, während einzelne Abtheilungen von ihnen unsere Vorposten beunruhigten.

Nachmittags gegen 3 Uhr eröffneten die Piemontesen vom linken Flügel das Feuer, und zwar aus einer Entfernung (4000 Schritt), aus welcher eine Wirkung unglaublich schien; allein sie hatten gezogene Geschütze und reichten nicht nur bis zu unseren Vorposten, sondern fast bis zum Castel und zum Campo Trincerato. Die Geschütze dieser Werke versuchten das Feuer zu erwidern, überzeugten sich jedoch bald, daß sie hinsichtlich der Tragweite mit den gezogenen nicht concurriren konnten.

Sehr bald avancirte die Batterie der Piemontesen von der Höhe nach einem auf der Mitte des Berges gelegenen Gehöft und suchte von hier aus eine größere Wirkung ihres Feuers zu erlangen, kam aber dadurch in die wirksame Schußweite der Festungsgeschütze, welche bald eins ihrer Geschütze demontirten. Der anbrechende Abend verminderte das Feuer, welches bald ganz aufhörte.

Jetzt begann die Thätigkeit der Infanterie. Obgleich unsere Vorposten noch nicht von der Stelle gewichen waren, so war ein Durchschleichen kleiner Abtheilungen wohl möglich, da das Terrain bis an den Fuß der Festungswerke von Schluchten durchzogen, und keine Rasirungen der Anpflanzungen im Vorterrain, welche Letztere bis dicht an die Werke gingen, stattgefunden hatten. Es war daher Aufgabe der Vorposten, stark zu patrouilliren, für uns aber eine nicht unnöthige Vorsicht, eine zweite Postenkette um die Außenwerke aufzustellen, was beim Dunkelwerden geschah. Daß wir während der Nacht durch Infanteriefeuer häufig alarmirt wurden, braucht wohl gar nicht erwähnt zu werden; es ist dies eine im Kriege so gewöhnliche Erscheinung, daß man sich nicht vom Boden erhebt, wenn nicht in unmittelbarer Nähe geschossen wird.

Am anderen Morgen, den 25. September, bemerkte man außer der einen, gestern in Wirksamkeit gewesenen Batterie noch zwei andere, rechts und links davon mehr vorgeschoben; die feindlichen Lager erschienen größer und ihre Vorposten waren durch Erdaufwürfe gedeckt.

Bei dem beginnenden Geschützkampf wird der rechte Flügel unserer Vorposten, welcher in einer verfallenen Redoute, der sogenannten Radetzky-Schanze — Monte Serima — stand, genöthigt, sich zurückzuziehen und Stellung in der Vorstadt — Borgo Pio — zu nehmen.

(Monte Serima, von den Oesterreichern mit einer Schanze versehen, welche in Verfall gerathen und nicht wieder hergestellt worden war, hatte weder für die Vertheidigung noch für den Angriff einen besonderen Werth. Vom Castel dominirt, war er von Porta pia und dem Lazareth so entfernt, daß das Feuer von ihm wenigstens ein wirkungsloses wurde.)

Mittlerweile hatte auch der rechte feindliche Flügel eine Batterie gegen den Monte Pelago bei dem Dorfe della Croce errichtet und fing an, die Redoute zu beschießen. Die feindlichen Bersaglieri versuchten hier unsere Vorposten zurückzudrängen, jedoch ohne Erfolg. Das Feuer gegen die feindlichen Batterien wurde unsererseits mit guter Wirkung unterhalten. Mehrere Geschütze der Piemontesen wurden demontirt, jedoch bald durch andere ersetzt. Ihre Wurfgeschosse platzten meistens in der Luft, und zwar so massenhaft, daß dieselbe, von dem Höllenlärm ganz angefüllt, fort und fort wiederhallte. Nachmittags besetzten die Piemontesen die Radetzky-Schanze und führten dort ein Geschütz ein, womit sie die Porta pia, das Castel und das Lazareth zu beschießen versuchten. Während der Nacht brachten sie noch sieben weitere Geschütze dahin ein und defilirten sich gegen das Castel.

Warum, wird ein Sachkundiger sagen, hinderte man dieses Einbringen von Geschützen und den Bau des Defilements nicht durch einen Ausfall? Der Hinweis auf die geringe Zahl der Vertheidiger und ihr Verhältniß zu den Angreifern ist die Antwort auf solche Frage.

Mit den wenigen Vertheidigern alle Werke, Vorwerke und Vorposten zu besetzen, war schon ein großes Kunststück, das auf Kosten der Kräfte der Mannschaft und auf die ihrer Sicherheit ausgeführt wurde. Die meisten Werke hatten außer der Besatzung der Linien theils gar keine, theils nur eine sehr kleine Reserve; an eine Ablösung war gar nicht zu denken. Wollte man diese geringe und außerdem durch übermäßige Arbeit angestrengte Besatzung noch durch Ausfälle schwächen, so hätte man den Fall von Ancona nicht nur beschleunigt, sondern auch ohne alle Aussicht auf Erfolg unverantwortlicher Weise das Leben vieler Braven geopfert. Die Dispositionen der Piemontesen waren, wie die gerade in dieser Nacht unternommenen größeren Patrouillen unseres rechten Flügels bemerkten, sehr gut, ihre Truppen voll Siegesbewußtsein, so daß sie einem schwachen Ausfall überall mit starken Kräften und dem Vortheile des moralischen Uebergewichts entgegen=

treten wären. De la Moricière wollte durch die Verthei=
digung nur Zeit gewinnen, und vermied deshalb mit wahrer
Humanität alle nutzlosen Kämpfe, die unzählige Menschenopfer
gefordert haben würden, während er auf der anderen Seite
Soldat genug war, keine Opfer für zu groß zu halten, wenn
es sich um die Hebung des Geistes seiner Truppen oder um
einen dem Ganzen ersprießlichen Vortheil handelte.

Wir werden gleich zu zeigen Gelegenheit haben, wie
gern der Ober=General bereit war, den Geist zu heben und
zu stärken und Alle gleichmäßig an dem Ruhme Theil nehmen
zu lassen. Der obenerwähnte Zwiespalt zwischen österreichi=
schen und schweizerischen Offizieren war Veranlassung, daß sich
eine gewisse Geringschätzung gegen die Schweizer=Truppen und
gewisse Zweifel in ihre Bravour entfalteten, die unter der
Mannschaft und unter den Offizieren immer mehr Eingang
fanden und schließlich auch den Ober=General erreichten, welchen
freilich der Tag von Castelfidardo nicht geneigt machte, die=
selben von der Hand zu weisen. Der Capitain Castellaz, ein
braver Offizier der Schweizer Truppen, fühlte sich durch solche
Zweifel gekränkt. Er wollte zeigen, daß die Bravour der
Schweizer=Offiziere nicht hinter der Anderer zurückstehe; daß
Schweizer=Offiziere nicht geflissentlich die Kugeln zu vermeiden
suchten; daß Schweizer=Truppen unter Schweizer=Offizieren
nicht blos um eine ruhige Versorgung nach Rom gekommen
wären, sondern um Soldaten in jeder Beziehung zu sein;
mit einem Worte: er wollte durch eine entscheidende That jene
Zweifel heben und den alten Ruf der Schweizer=Truppen auf=
recht erhalten, weshalb er dem Ober=General vorschlug, ihm
mit zwei Compagnieen Schweizer=Truppen einen Ausfall gegen
die feindliche Batterie bei Della=Croce, welche die Redoute auf
Monte=Pelago schon arg zu belästigen anfing, zu gestatten, sich
für den Erfolg verbürgend. De la Moricière genehmigte das
Gesuch Castellaz's, enthob ihn jedoch aller Bürgschaft, da ihm

nicht unbemerkt geblieben, daß die von schweizerischen Offizieren commandirten Truppen nicht Schweizer, sondern zum großen Theil Oesterreicher waren, die durch keine Interessen an Offiziere gefesselt wurden, welche eine ihnen unverständliche Sprache redeten.

In der Nacht vom 25. zum 26. September gegen 2 Uhr Morgens rückten zwei Schweizer-Compagnieen, denen sich der General Kanzler anschloß, von der Stadt nach dem Monte-Pelago. Hier bildete das dritte Bersaglieri-Bataillon nebst einer Batterie Artillerie die Besatzung der Redoute, welche außerdem noch verstärkt war durch 4 Geschütze italienischer Feld-Artillerie und eine halbe Compagnie vom 4. Bersaglieri-Bataillon.

Von diesen Truppen waren:

2 Compagnien auf Vorposten,
4 Compagnien und 1 Batterie Artillerie in der Redoute,
1½ Compagnie und 4 Geschütze auf Monte Polito.

Der General Kanzler machte den Commandanten des 3. Bersaglieri-Bataillons, Major Ginzel, mit der Absicht, die feindliche Batterie bei della Croce zu überfallen, bekannt, und dieser schloß sich der Expedition gleichfalls an, um die etwa erforderlichen Unterstützungen dirigiren zu können. Die Vorposten nahmen die beiden Schweizer-Compagnien auf und rückten geräuschlos rechts und links der Straße mit vor. Die feindlichen Vorposten werden entschlossen über den Haufen und in das Dorf hineingeworfen, alarmiren aber durch fortwährendes Schießen die Reserven und Bedienungsmannschaften der Batterie. Schon rücken die Schweizertruppen in der Dorfgasse gegen diese vor, während die Bersaglieri die Infanterie vor sich hertreiben, als einige Kartätschlagen aus der feindlichen Batterie die Schweizer in Verwirrung und zur schleunigen Flucht bringen. Der General Kanzler, wohl einsehend, daß der Ueberfall der Batterie, der auf Ueberraschung berechnet, verfehlt sei, befahl dem Major Ginzel, das Gefecht abzubrechen und zur Sicherung des Rückzuges die geeigneten Maßregeln zu treffen, und dieser ließ durch eine Compagnie eine rückwärts gelegene Position besetzen und zog dann sämmtliche Truppen aus dem Feuer. Dies konnte um so leichter bewerkstelligt werden, als die Piemontesen sich damit begnügten, den Angriff abgeschlagen zu haben, und an eine Verfolgung nicht dachten, weshalb auf Befehl des Generals Kanzler auch die alten Stellungen eingenommen und die beiden Compagnien Schweizer nach der Stadt zurückgeschickt wurden.

Der Morgen des 26. September brachte uns in Folge dieses verunglückten Ausfalls schon frühzeitig eine starke Kanonade von allen bereits errichteten Batterien der Piemontesen, denen die Schiffsgeschütze secundirten. Es war dies die Einleitung zum Sturm, der an diesem Tage auf der ganzen Linie unternommen wurde. Ob ein solcher vorher schon beschlossen war, scheint zweifelhaft; es muß vielmehr angenommen werden, daß der ohne den gehörigen Nachdruck vollführte Ausfall den Feind auf die Schwäche der Besatzung in der Redoute auf dem Monte Pelago, dem, wie erwähnt, wichtigsten Punkte, aufmerksam gemacht. Die feindlichen Batterien überschütteten unsere Werke mit Vollkugeln, doch war die Zahl der Todten oder Verwundeten unsererseits eine sehr geringe.

Gegen 8 Uhr Morgens geht Infanterie auf der ganzen piemontesischen Linie gegen unsere Vorposten vor. Der rechte Flügel derselben, commandirt durch den Lieutenant Fritz Graf Metternich II., hatte den ersten Anprall auszuhalten; die geringe Zahl ist nicht im Stande, dem überlegenen Feinde zu widerstehen, und weicht fechtend zurück. Vom Campo Trincerato, wo man den Angriff des Feindes und das Zurückweichen Metternichs bemerkt, wird eine Compagnie zu seiner Unterstützung entsendet. Diese bringt das Gefecht zum Stehen. Graf Metternich, nicht beruhigt, geht mit großer Bravour dem

Feinde auf den Leib, um seine frühere Stellung wiederzuerobern; der Feind weicht, aber eine feindliche Kugel durchbohrt die rechte Brust des jungen Kriegers. Er wurde nach dem Lazareth getragen, wo man Anfangs an seinem Aufkommen zweifelte, doch ist er gegenwärtig wieder hergestellt.

Die zur richtigen Zeit eingetroffene Unterstützung war hier so wie im Centrum der Vorpostenstellung genügend gewesen, den feindlichen Angriff, der hier allerdings nur ein Scheinangriff war, zurückzuweisen; auf dem linken Flügel wird der Angriff jedoch mit größerem Nachdruck geführt und ergiebt ein anderes Resultat. Hier hatten, wie oben erwähnt, die Truppen der Besatzung des Monte Pelago nach dem verunglückten Ausfall die alten Stellungen wieder eingenommen. Als die Piemontesen in dichten Tirailleurschwärmen zum Angriff auf unsere Vorposten vorgingen, wurden dieselben verstärkt. Die gute Bewaffnung der piemontesischen Bersaglieri machte die Beschießung der unsrigen aus einer Entfernung möglich, wohin unsere Gewehre (die auf Vorposten befindlichen Compagnien hatten glatte Gewehre) nicht reichten. Der Oberlieutenant Richter, dies wahrnehmend, befahl ein schnelles Vorgehen, das, entschlossen durchgeführt, den Feind zum Zurückgehen veranlaßte. Verstärkt und von starken Reserven gefolgt, kehrte derselbe zurück, und nicht mehr waren unsere Vorposten im Stande, ihm erfolgreichen Widerstand zu leisten. Geordnet zog der vorhin erwähnte Offizier dieselben nach der Redoute zurück, wo sie gleich von Neuem zum Kampf verwendet werden konnten und verwendet wurden. Das Benehmen des Oberlieutenant Richter veranlaßte den General Kanzler, der während des Gefechts zugegen war, jenen zur Beförderung zum Capitain in Vorschlag zu bringen.

Mit sechs Bataillonen griff der Feind die Redoute an; Tirailleurschwärmen voraus folgten die Colonnen. Unsere Infanterie feuerte gegen die Tirailleurs, unsere Artillerie schoß

wacker mit Kartätschen gegen die Colonnen, allein so stark die
Ausdauer der Unsrigen war, so gering war doch ihre Zahl.
Zweimal wurde der Angriff zurückgewiesen, da begann es der
Artillerie an Munition zu fehlen.

Diese letztere Erscheinung ist eine Thatsache, worüber
während der Belagerung von allen Werken Klagen laut wurden. Artillerie-Director war der schon oben erwähnte Oberstlieutenant Lopez, dessen Antecedenzien die Offiziere der Besatzung schon von vornherein gegen ihn eingenommen hatten,
ein Umstand, auf dessen Rechnung gewisse Uebertreibungen,
die unter den Offizieren cursirten, zu schreiben sind. Factisch
ist, daß in allen Werken zwar ein Verbrauchsmagazin eingerichtet war, daß aber diesem der Vorrath an Munition vom
Hauptmagazine so spärlich bemessen wurde, daß tagtäglich ein
bis zwei Male Munition verlangt werden mußte. Ohne eine
Quittung, die man während des Gefechts zu schreiben oft
nicht im Stande war, verabreichte das Hauptmagazin Nichts.
Hatte man Quittung überbracht, so war man genöthigt, sich
nicht allein einen Karren zum Transport selbst zu verschaffen,
sondern auch Arbeitskräfte selbst aufzusuchen, welche die Munition aus dem Magazin trugen und auf den Karren ver-
luden. Gewöhnlich gab es falsche Munition, und wenn man
an einem Tage solche nur einmal erhielt und einmal umtau-
schen mußte, so konnte man von Glück sagen. Wollte der
Artillerie-Commandant sicher gehen, so mußte er jedesmal
selbst das Werk verlassen, um sich die richtige Munition persönlich auszusuchen. Anzeigen an den Obergeneral waren
Anfangs ohne Wirkung; erst später, als ein Offizier, den jener
wegen einer solchen Anzeige einen Lügner geheißen, ihm entschieden gegenübertrat, befahl de la Moricière, nachdem er
den Ausdruck zurückgenommen, mehr Aufmerksamkeit auf diese
wichtige Sache zu haben, und beauftragte den Grafen Caimi,
Major der Artillerie, damit.

Der General Kanzler, der während des ganzen Kampfes in der Redoute anwesend war, befahl den Rückzug nud ließ die Geschütze vernageln, die er nicht mehr Zeit hatte mitzunehmen. Die Anordnung des Rückzuges verblieb dem Major Ginzel, welcher dieselbe mit großer Ruhe und Sachkenntniß vollzog, so daß die Truppen, geordnet, wie auf dem Exerzierplatz, über den Monte Polito und an der Lunette St. Stefano vorbei, welche durch ihr Feuer den Rückzug deckte, nach der Stadt gezogen und daselbst zur Vertheidigung der Thore Porta pia und Porta calamo anstatt italienischer Truppen bestimmt wurden. Todte und Verwundete, darunter einen todten und einen verwundeten Offizier, nahm man mit und übergab sie in der Stadt den Aerzten. Erst eine halbe Stunde später, gegen 11 Uhr, besetzten die Piemontesen die Redoute, pflanzten dort die Tricolore auf und kehrten die Brustwehren um.

Gleich darauf versuchten ihre Bersaglieri und die Brigade Parma (in Reserve) einen Sturm gegen die Lunette St. Stefano. Tirailleurs, gefolgt von kleinen Soutiens, rücken über den Rand des Monte Polito und besetzen die auf dem Abhange gelegenen Gehöfte; Schützen postiren sich in den Gärten und richten ihr Feuer auf die Artilleristen und die Offiziere der Besatzung.

Unsere Artillerie schoß vorzüglich und mit gutem Erfolg. Auf der Capitale stand ein 18pfünder, auf der rechten Face ein 24zölliger Mörser und ein 12pfünder, auf der linken ein 32pfünder und ein 12pfünder. Der 18pfünder spie fort und fort Kartätschen gegen das Gehöft und die daran stoßenden Heuschober und veranlaßte den Feind mehrere Male zum Wechsel seiner Aufstellung. Doch unsere Artillerie war schnell; die Seitenrichtung war bald verändert, und der Feind wurde, kaum in einer Stellung angelangt, wieder durch den Kartätschhagel daraus vertrieben. Mehr wie einmal sahen wir ihn eilig die Flucht über den Bergrand ergreifen, und mehr wie einmal kamen neue Trupps über denselben her. Es galt daher, die gedeckt in dem Sattel zwischen Monte Pelago und Monte Polito stehenden Reserven zu bewerfen. Der Mörser wurde hergerichtet, die Bombe eingesetzt und — mit furchtbarem Gesumme flog das Ungethüm davon. Wenige Secunden darauf hörten wir es schon eclatiren. Ein alter österreichischer Vormeister (Bombardier) hatte Freude an seiner Arbeit und beeilte sich den zweiten und dritten Wurf zu thun, worauf wir die Reserven (3 Bataillone) nach dem Monte Pelago zurückziehen sahen.

Von den Gärten aus beunruhigten noch immer einzelne Tirailleurs die Vertheidiger der Lunette. Eine Patrouille, die aus dem Werke geschickt wurde, ging gegen dieselben vor und trieb sie nach dem oben erwähnten Gehöft zurück, das vom Feinde noch besetzt war. Es entspann sich ein Kampf um das Gehöft, wobei sich der 18pfünder der Lunette mit einigen Vollkugelschüssen betheiligte, so daß der Feind sehr bald dasselbe verließ und seinen Rückzug antrat. Vor uns war kein Feind mehr, aber auch zwei Compagnien vom 1. Linien-Regiment (Indigeni) waren verschwunden, welche die Villa des französischen Consuls besetzt gehalten hatten, die zwischen der Lunette und dem Campo Trincerato lag und deren Besitz für die Communication zwischen beiden Werken durchaus nothwendig war. Zwei dort eingeschlagene und geplatzte Granaten, die allerdings einige Mann getödtet und verwundet, hatten den Muth dieser Truppen dermaßen erschüttert, daß sie eiligst trotz der Bemühungen der Offiziere davongegangen, welchen es erst nach mehreren Stunden in der Stadt gelang, die Mannschaft wieder zu sammeln.

Das während des Kampfes um die Lunette von der Flotte und den übrigen feindlichen Batterien unterhaltene Feuer hatte die betreffenden Werke nicht abgehalten, der Lunette bei Abweisung des Sturms zu secundiren.

Gegen 3 Uhr Nachmittag beginnt das Geschützfeuer von der Flotte und allen feindlichen Batterien auf's Neue.

Infanterie-Colonnen ziehen den Monte Pelago hinab und dirigiren sich abermals gegen die Lunette und in das Thal zwischen derselben und dem Monte Garbetto. Die Schützen der ersten Colonne gehen entschlossen vor und gelangen bis zum Grabenrande. Erst hier scheinen sie zu bemerken, daß die Lunette ein permanentes Werk mit gemauerter Contre-escarpe und kasemattirter Grabenvertheidigung ist.

Während unsere Geschütze Kartätschen in die Colonnen schleudern, schießt sich die Infanterie mit den Piemontesen herum, die am Grabenrande, in den nächsten Gärten und auf dem vor der Capitale belegenen Kirchhofe halten.

Die Villa des französischen Consuls hatte aus Mangel an disponiblen Truppen nicht gleich wieder besetzt werden können; ein Glück, daß die Piemontesen die Schwäche der Kehlvertheidigung der Lunette nicht kannten. Die Kehle war nämlich durch eine crenelirte Mauer geschlossen, jedoch fand sich noch kein Thor und keine Zugbrücke darin. Statt des Thores hatte man hinter der Thoröffnung eine Traverse errichtet, die alle Bewegungen im Innern und namentlich das Begegnen eines Bajonettangriffs verhinderte, und statt der Zugbrücke befanden sich mehrere breite Balken über den Graben gestreckt und in die Schwellen des Grabenrandes eingelassen. Dieser Zugang war nicht einmal durch einen Tambour gedeckt. Eine genügend starke Colonne an der Villa des französischen Consuls vorbei gegen die Kehle der Lunette dirigirt, hätte diese, trotzdem daß während des Kampfes die aus zwei Compagnien des 5. Bersaglieri-Bataillons bestehende Besatzung noch durch zwei Compagnien des 1. Bersaglieri-Bataillons verstärkt worden war,

unfehlbar in die Hände des Feindes gebracht, da auf eine
Unterstützung von Campo Trincerato nicht zu rechnen war.

Die in das Thal heruntergeschickte Colonne hatte die
darin gelegenen Gehöfte durch zwei Compagnien vom 1. Bersaglieri-Bataillon besetzt gefunden und sich mit diesen in ein
Feuergefecht eingelassen. Ein Paar Geschütze unserer Feldartillerie, welche ein lebhaftes Feuer unbeschädigt abgaben, so
wie zwei zur Unterstützung heranrückende Compagnien des
1. Linien-Regiments veranlassen den Feind, sich wieder gegen
die Höhe zu ziehen.

Nachdem das Feuergefecht um die Lunette durch die Ti-
railleurs der Piemontesen ganz unerklärlicher Weise eine Stunde
über unterhalten worden war, während ihre Reserven die
Aufstellung fort und fort veränderten, um der Wirkung unserer
Geschütze zu entgehen, wird es plötzlich abgebrochen und der
Rückzug schleunig angetreten.

Die zur Recognoscirung unserseits nachgeschickte Compagnie des 1. Linien-Regiments (Indigeni) stößt bei dem Gehöft, dessen wir bei Erzählung des vorhergehenden Sturms
Erwähnung gethan haben, auf die Nachhut des Feindes, von
welcher sie mit gut gezielten Schüssen empfangen wird. Die
Verwundung des commandirenden Offiziers löst allen Zusam-
menhang bei jener Compagnie, und bald eilt sie truppweise
zurück, den schwer verwundeten Offizier auf dem Kampfplatze
lassend, wo ihn gegen 10 Uhr Abends die aus der Lunette
abgeschickten Patrouillen fanden und ins Hospital beförderten.

Der Sturmversuch auf die Lunette war somit mißglückt;
die Vertheidiger hatten einen schweren Tag gehabt. Der
Obergeneral war im Allgemeinen mit den Truppen zufrieden
und sprach in einem Tagesbefehl namentlich den Vertheidigern
der Lunette, Offizieren wie Soldaten, für ihre Haltung und
ihr Benehmen während der Kämpfe sein Lob und seinen Dank
aus und erwähnte nochmals, daß es nur noch kurzer Anstren-

gung bedürfen würde, da die französische Hülfe nicht mehr fern sein könne.

Die Vorlesung dieses Tagesbefehls beim Abendappell erweckt überall Enthusiasmus, der sich in Evvivas auf de la Moricière Luft macht; überall herrscht froher Muth trotz der ungeheueren Ermüdung.

Abends 9 Uhr versucht der rechte Flügel des Feindes mit einer starken Colonne gegen Porta pia vorzudringen. Die Kartätschlagen von den beiden an dieses Thor stoßenden Batterien (Anschlußbatterie und Rippa) vereiteln den Versuch und schaffen uns Ruhe, d. h. keine weitere Belästigung während der Nacht. Doch nicht unthätig bleibt der Feind während dieser; unsere Patrouillen melden bald den Bau einer Batterie auf dem Monte Polito. Die hin und wieder von uns in der Richtung abgegebenen Kartätschschüsse und Bombenwürfe haben die Einstellung der Arbeit nicht herbeiführen können; zu einem Ausfall fehlte die Mannschaft.

Je enger die Landarmee der Piemontesen uns einschloß, um so mehr sprangen die Mängel und Schäden der Befestigung ins Auge und um so nothwendiger wurde die Abhilfe. Die zur Arbeit gebildete Compagnie reichte dazu natürlich nicht aus, und so hatte denn schon seit einigen Tagen die ganze Besatzung in den Gefechtspausen und während der Nacht gearbeitet. Eine am heutigen Tage auf dem Monte Capuccino durch eine feindliche Granate verursachte Explosion eines Verbrauchs-Magazins, wobei mehre Mann und ein Offizier getödtet wurden, lenkte die Aufmerksamkeit auf die Eindeckungen der Munitions-Magazine und ihre Sicherung gegen das Eindringen von Geschossen, und stellten sich dort Schäden heraus, welche die sorglose Unwissenheit der Artillerie-Direction wieder auf das Deutlichste zeigten. In den Kasematten und Katakomben des Werkes und Berges Capuccino lagen nämlich 20,000 Centner Pulver, zu denen der Eingang durch eine einfache

Thür ohne eine Traverse und ohne eine andere Deckung war, während die Fenster oder Schartenöffnungen nicht einmal eine Blendung oder eine sonstige Verkleidung hatten. Das Werk und die ganze Stadt war bis jetzt einer großen Gefahr wunderbarer Weise entgangen, man machte deshalb von nun ab die größten Anstrengungen, um solche für die Folge abzuwenden, errichtete Traversen von Sandsäcken vor dem Eingange der Casematten, verkleidete und versetzte Schießscharten oder Fenster und gebrauchte zu diesen Arbeiten diejenige Leute, welche, wenn das Feuer wieder begann, das Gewehr ergriffen. Während der Nacht oder während der Gefechtspause arbeiteten ein Drittheil der Mannschaften, ein Drittheil versah den Dienst und das letzte Drittheil ruhte. Trotz aller dieser Fatiguen war die Mannschaft guten Muthes, was dem Beispiel einzelner Offiziere, hauptsächlich aber dem unbedingten Vertrauen beizumessen ist, das sie zu dem Oberbefehlshaber hatten.

Der Morgen des 27. September begann ohne Störung und sehr ruhig; man hörte keinen Schuß; die Zeit fing an uns lang zu werden, und uns überkam ein unheimliches Gefühl. Eine große Masse von Barken umgab die Schiffe und führte, wie wir später erfuhren, ihnen Munition zu. Auch die Landarmee ergänzte ihren Munitionsvorrath aus den Parks. In dem Hauptquartier schien man sich mit der Hoffnung zu schmeicheln, daß das Herrannahen der Franzosen diese Unthätigkeit bei den Piemontesen veranlaßt habe, man bemerkte aber bald den Transport von Belagerungsgeschütz nach den verschiedenen Punkten der piemontesischen Linie. Hier handelte es sich um die Armirung der errichteten Batterien mit jenem Geschütz, für uns um die Verhinderung dieses Vorhabens. In Erwägung der Unmöglichkeit eines Ausfalls faßte der Obergeneral den Entschluß zum kräftigen Beschießen und Bewerfen der feindlichen Batterien. Das Castell (Sitz des Hauptquartiers) begann das Bomben- und Leuchtkugelwerfen beim Dunkelwerden; die übrigen Werke stimmten darin ein. Anfangs erwidern die Piemontesen dieses Feuer, später schweigen ihre Geschütze gänzlich. —

Wir können bei dieser Gelegenheit einen Unglücksfall nicht unerwähnt lassen, welcher den deutlichsten Beweis dafür liefert, wie nothwendig die Ueberwachung der Mannschaften durch tüchtige Offiziere ist. Auf Bastion 9 des Campo Trincerato befand sich ein Unteroffizier, der sich rühmen konnte, bei Eckernförde das Linienschiff Christian VIII. in Brand geschossen zu haben und dafür vom Herzog von Coburg Gotha zum Offizier ernannt worden zu sein. Er hatte trotz der Gnade des Herzogs seine Stellung quittiren müssen und war nun nach einem wechselvollen Leben, durch welches sein Hang zur Ausschweifung vollends Befestigung gefunden, als Soldat in die päpstliche Armee gekommen, wo er bei dem Mangel an geeigneten Leuten sehr bald Unteroffizier wurde. Dieser Mensch wollte die Gelegenheit nicht vorübergehen lassen, sich die Offizier-Epauletten zu verdienen. Berauscht feuerte er in Abwesenheit des anderswo beschäftigten Offiziers mit Kartätschen, welche den Feind nicht erreichten, wohl aber in die vor dem Bastion liegende Lunette St. Stefano einschlugen und daselbst unter Anderen den Lieutenant Hruby tödteten. Eine von der Lunette schleunigst nach Campo Trincerato und dem Castell gesendete Meldung machte diesem Unwesen ein Ende.

Gleich darauf wurde der Befehl zum Einstellen des Feuers gegeben. Nur das Castell warf noch von Zeit zu Zeit Bomben und Leuchtkugeln gegen die feindlichen Batterien.

Während der Nacht patrouillirte der Feind stark; wahrscheinlich weil das von unserer Seite begonnene, aber nicht fortgeführte Bombardement ihn einen Ausfall vermuthen ließ. Unsererseits verstärkten ebenfalls starke Patrouillen die Vorposten, welche während der ganzen Nacht ein lebhaftes Gewehrfeuer unterhielten.

Den 28. September richtete sich das Feuer der piemontesischen Batterien gegen Porta pia, das Castell und das Lazareth. Dieses geräth durch Zufall in Brand. Die Besatzung desselben (Handwerkercompagnien) sind genöthigt es zu verlassen, was Veranlassung zum Rückzuge aller noch außerhalb des Thores Porta pia in der Vorstadt postirten Truppen giebt. Versuche, die im Lazareth befindlichen Magazine zu retten, werden durch die Matrosen-Division unternommen, welche nach der Gefangennehmung des Grafen Zichy unter den Befehl des Lieutenant Poloschowitz (früher im österreichischen Pontonnier-Corps) gestellt worden war. Der Feind hatte nicht sobald den Abzug der Besatzung des Lazareths bemerkt, als er dasselbe zu besetzen versucht. Die von der Matrosen-Division noch darin befindlichen Mannschaften werden sammt ihrem Commandanten, der ganz unbegreiflicher Weise die Fahrzeuge verlassen und sich ebenfalls in das Werk begeben hatte, gefangen genommen.

Somit kam die durch Graf Zichy ins Leben gerufene, so nothwendige und voraussichtlich nützliche Hafenvertheidigung in Ausfall. Nur dadurch konnten die feindlichen Besaglieri sich im Lazareth einnisten, von wo sie ein starkes Feuer auf die Bedienungsmannschaften der Batterie an der Porta pia eröffneten, trotzdem eine unserer Feldbatterien unter dem Capitain Meyer, welche sogleich auf der Esplanade auffuhr, sie daran zu hindern suchte.

Im Verlauf des Tages wird das Feuer nur schwach unterhalten. Die Piemontesen arbeiten ernstlich an der Batterie auf Monte Polito und an einer Breschbatterie auf der Straba nuova gegen Porta pia. Ruhig mußte man diese Arbeiten geschehen lassen; nur hin und wieder schleuderte eins unserer Geschütze einen Kartätschhagel oder eine Hohlkugel gegen die Arbeiter oder die Arbeiten.

Man sprach an diesem Tage unter den Offizieren viel von Capitulation. Die Veranlassung dazu gab folgende Thatsache, welche den General en chef auf die Vermuthung bringen mußte, daß das Manifest des Kaisers von Oesterreich entmuthigend auf die Offiziere gewirkt habe. Der Oberst Baron von Vogelsang, ältester Stabsoffizier der Bersaglieri, hatte im Verein mit dem Major Ginzel ein Memoire verfaßt, worin dem Obergeneral die Nutzlosigkeit ferneren Widerstandes ohne Aussicht auf eine Intervention dargethan und Derselbe gebeten wurde, dem Blutvergießen durch eine ehrenvolle Capitulation ein Ende zu machen. Dieses Memoire war an die beiden anderen Bataillons-Commandanten der Bersaglieri, die Majors Prosig und von Einem, mit dem Ersuchen zum Beitritt gelangt, doch lehnten diese Beiden denselben mit der Erklärung ab, daß sie als Soldaten nur zu gehorchen, nicht aber zu rathen hätten. Ob jenes Memoire in die Hände de la Moricière's gelangt oder nicht, können wir nicht mit Bestimmtheit angeben, so viel aber ist gewiß, daß er davon Kenntniß erhalten, denn er erklärte den Offizieren, daß er die Nutzlosigkeit eines ferneren Widerstandes ohne Aussicht auf Intervention wohl begreife, daß seine und der Offiziere militairische Ehre jedoch an ihn die unabweisbare Forderung stelle, den Kampf bis zu dem Moment fortzusetzen, wo der Feind Bresche gelegt haben werde: dann könnte und würde man auch noch ehrenvolle Bedingungen verlangen und erhalten.

Es war diese Erklärung dem größten Theile des Offizier-Corps aus der Seele gesprochen. Am Morgen des 29. September rücken feindliche Sturmcolonnen mit Musik gegen die Porta pia, nachdem die Artillerie vergeblich versucht hatte, das Thor einzuschießen. Das Geschützfeuer, welches sich nun gegen die Batterien neben der Porta pia eröffnet, wird durch die feindlichen Scharfschützen, welche im Lazareth und in den Häusern der Vorstadt eingenistet waren, unterstützt. Unsere Batterien haben eine schwere Aufgabe; nichtsdestoweniger gelingt es ihnen, die Sturmcolonnen zurück zu weisen, bevor dieselben in den todten Winkel kommen.

Um Mittag herum wird das Feuer auf der ganzen Linie allgemein. — Auch die Flotte setzt sich in Bewegung und umkreist diesmal in weitem Bogen den Leuchtthurm, ihn mit Tausenden von Geschossen überschüttend. Vollkugeln bröckeln am Mauerwerk, Granaten schlagen auf die Plattform. Wacker hält er dem Feuer Stand und schleudert seinerseits manche Kugel in die Schiffskörper. Auf der Plattform explodirte bald ein durch eine Granate entzündetes Verbrauchsmagazin; die Geschütze werden demontirt und die Mannschaften müssen in die Kasemattirungen zurückgezogen werden. In diesen commandirte ein alter, wackerer Artillerie-Offizier, Lieutenant Weißmantel, der schon in den ungarischen Feldzügen sich seine goldenen und silbernen Tapferkeitsmedaillen verdient, ein Mann von Bravour und Eifer. Die Soldaten leisteten das Mögliche und es hagelt tüchtig Eisen gegen die Schiffe; jedoch nach zweistündigem Kampf waren die Scharten demontirt; die Granaten aus den Schiffsgeschützen drangen in die Kasematten und tödteten die Bedienungsmannschaften; die wenigen übrig gebliebenen Leute wollten das Geschütz nicht mehr bedienen. Da übernahm der Lieutenant Weißmantel selbst die Verrichtungen der Kanoniere. In dem Augenblick, wo er bemüht war, einem Geschütz die nöthige Höhenrichtung zu geben, in diesem Augenblicke schlägt eine feindliche Granate auf's Rohr, springt und — mit zerschmettertem Kopf ist der so brave Offizier eine Leiche.

Die Franzosen, namentlich Herr de la Guéronnière, haben für ihre braven Landsleute den Ruhm der Tapferkeit ganz allein in Anspruch genommen und dem Verhalten der deutschen Söldner während des Kampfes allein das Mißgeschick ihres Landsmannes, de la Moricière's, beigemessen. Der Heldentod Weißmantels möge sie belehren, daß Deutsche auch ihre Schuldigkeit thaten; die Leiche dieses braven Offiziers spricht dafür mehr, als die durch alle französische Zeitungen gegangene Angabe, daß bei Castelfidardo 500 Franzosen gefallen seien, eine Angabe, welche sich einige Monate darauf als eine leere Prahlerei herausstellte, indem fast alle päpstlichen Kämpfer französischer Nationalität von Neuem zur Bildung der Zouaven in Rom erschienen.

Die Vertheidigung wurde nun immer schwächer und schwächer, während die feindlichen Granaten immer häufiger in die Kasematten eindrangen. Der Commandant der Front, Major von Einem, zog deshalb die Infanterie-Besatzung aus dem Leuchtthurm bis Porta merana zurück, die Artillerie zur fortgesetzten Thätigkeit aufmunternd. Eine feindliche Granate fand unbemerkt den Weg nach dem Munitions-Magazin.

Gegen 5 Uhr Nachmittags bemerkten die nahestehenden Truppen eine wellenförmige Bewegung des Leuchtthurms; es erfolgte ein dumpfer Knall; eine kolossale Staubgarbe verfinsterte die Luft; ein furchtbarer Steinregen schlug im weiten Umkreis auf den Boden oder in's Wasser nieder; dann trat eine Todtenstille ein. — Die südwestliche Hälfte der Leuchtthurm-Befestigung war ein Schutthaufen.

Hierdurch wurde der Zugang zum Hafen frei; die feindliche Flotte hätte hineinsegeln und die übrigen schwachen Batterien vollends demontiren können; — da hißte das Castell (Hauptquartier) die weiße Fahne auf. Die Bresche war gelegt und de la Moricière hielt es jetzt an der Zeit, zu capituliren. Das Feuer verstummte allerwegs. Eine Barke trug die Parlamentaire an Bord des Admiralsschiffes zum Grafen Persano, dem der Ruhm des heutigen Tages gehörte. Unsere Mannschaft, welche während 14 Tagen und Nächten gekämpft und gearbeitet, begrüßte, ohne daß sie etwa verzagt gewesen wäre, mit Freuden den Moment, wo der Entschluß des Ober-Befehlshabers ihr die Aussicht auf die so lange entbehrte und so nothwendige Ruhe gewährte; nur die durchaus nothwendigen Posten werden besetzt, die übrigen Leute suchen das Lager.

Allein wir hatten die Rechnung ohne den General Cialdini gemacht.

Dieser befahl gegen den Morgen des 30. September, trotzdem daß die weiße Flagge nicht nur vom Castell, sondern auch von mehreren anderen Werken wehte, der ganzen Linie des Belagerungs-Corps ein Vorgehen gegen Ancona, weil er dem Grafen Persano, wie wir vermuthen, die Ehre des Tages nicht lassen, sondern sich die Ueberwindung Ancona's aneignen wollte.

Gegen 2 Uhr früh weckte der Donner der feindlichen Geschütze unsere Truppen und rief sie von Neuem unter das Gewehr — aber nicht zum Kampf, sondern zum nichtswürdigen Massacre. Der General de la Moricière, überzeugt, daß ein solches Vorgehen des Feindes nur auf einem Mißverständniß beruhen könne, gab den gemessensten Befehl, das Feuer durchaus nicht zu erwidern, ließ auf allen Werken die weiße Flagge aufhissen und sendete den Major Grafen Caimi nebst noch einigen anderen Offizieren an Cialdini.

Trotzdem die weißen Flaggen dem Feinde sichtbar sein mußten, trotzdem ihm die Vorwerke durchaus keinen Widerstand entgegensetzten, stellte derselbe weder sein Vorrücken, noch sein Schießen ein. Seine Infanterie-Colonnen dirigirten sich gegen Porta pia, Porta calamo und Porta farina, gefolgt von Feldartillerie, welche ihr Feuer gegen die Thore, dann aber hauptsächlich gegen den Monte Capuccino richtete.

Unterdessen hatten die Thor- und Mauerbesatzungen ihre Posten eingenommen. Erstere hatten die Geschütze, welche vor den Thoren hinter Traversen von Sandsäcken standen, zurückgezogen, um sie nicht dem Feinde ohne Weiteres Preis zu geben; Letztere standen zur Abwehr der Sturmversuche bereit, während die feindlichen Bersaglieri sich in den der Mauer

gegenüberliegenden Häusern der Vorstädte einnisteten und ihre
sicheren Schüsse hinübersandten, wodurch die Vertheidiger eben=
falls veranlaßt wurden zu feuern, was der Obergeneral ihnen
von Neuem verbieten ließ.

Das 1. Bataillon Bersaglieri, welches Monte Garbetto
besetzt hatte, kam durch das Vorrücken des Feindes in Ge=
fahr, abgeschnitten zu werden, und trat deshalb ohne höheren
Befehl, nachdem die Geschütze, die man natürlich dort lassen
mußte, vernagelt waren, den Rückzug nach Monte Capuccino
an. Hier wurde dasselbe auf dem Kirchhofe aufgestellt, wo
es durch die einfallenden Granaten noch mehrfache Verluste
erlitt. Die Unterbringung der Mannschaften in den Kloster=
gängen und in der Kirche schützte dieselben nicht vor den Ge=
schossen, die von nun an in Kloster und Kirche, welche nicht
bombenfest waren, einschlugen. Schrecken und Trauer spie=
gelten sich auf den Gesichtern der Soldaten, die gern zum
Gewehr gegriffen und hinausgestürmt wären, um ihre Henker
zu vertreiben; es bedurfte der größten Aufmerksamkeit der
Offiziere, um die Mannschaft von Unbesonnenheiten abzuhalten.

Das mehrmals vom Feinde versuchte Einschlagen der
Thore hatte keinen Erfolg, da dieselben stark versetzt waren,
doch würden sie den ferneren Anstrengungen nicht lange mehr
widerstanden haben, wie das bei der Porta pia schon der Fall
war, als ein Adjutant Cialdini's gegen 9 Uhr Morgens den
Befehl zum Einstellen des Feuers zuerst an diesen Punkt
brachte und allmählich auf der ganzen Linie die Einstellung
des Feuers bewirkte.

Die von de la Moricière an Cialdini abgesandten Offi=
ziere waren hin= und hergeführt worden und somit erst spät
vor diesen gekommen, der sein Verhalten damit zu bemänteln
suchte, daß er von der Einleitung einer Capitulation mit dem
Grafen Persano keine Kenntniß gehabt habe.

Das kaltblütige und überlegte Hinmorden vieler Men=

schen, blos um des ehrgeizigen Strebens halber, der Ueberwinder Anconas genannt zu werden, ist ein Schandfleck, der dem Namen Cialdini ewig ankleben muß. Ein solches Verfahren hat auch selbst unter den Sardiniern nicht Billigung gefunden. Graf Persano zog während des Angriffs die Flottenmannschaft, welche die Batterie auf der Strada nuova armirt und besetzt hatte, zurück und lehnte auf diese Weise alle Gemeinschaft damit ab, und der General Fanti wollte, als de la Moricière ihm sagte: „Meine Soldaten sind nicht getödtet, sie sind ermordet worden!" dagegen kein Wort der Entschuldigung finden. Und derselbe General Cialdini, der einst den Mord so vieler Braven zu verantworten haben wird, derselbe hatte zur Bemäntelung seines rechtswidrigen Einrückens in die päpstlichen Staaten an seine Soldaten folgenden Tagesbefehl erlassen:

„Soldaten! ich führe Euch gegen eine Bande fremder Abenteurer, welche das Verlangen nach Plünderung und Raub in unser Land gebracht hat. Schlagt und zerstreut unerbittlich diese miserablen Mörder, damit sie durch Eure Hand den Zorn eines Volkes fühlen, welches seine Unabhängigkeit will. Soldaten! Perugia will eine Rache und soll sie, wenn auch spät, haben."

Die Geschichte wird darüber entscheiden, wer hier Mörder und Räuber war.

Nachdem das Feuer eingestellt, schritt man zur Feststellung der Capitulation.

Der General de la Moricière übergab die Festung Ancona nebst allem darin befindlichen ärarischen Vermögen; Privateigenthum wurde garantirt.

Die Besatzung rückte mit allen militairischen Ehren — klingendem Spiel — aus. Die Mannschaften legten ihre Gewehre vor der Festung ab, die Offiziere behielten ihre Säbel.

Die ganze Besatzung wurde kriegsgefangen nach Piemont geführt, und gab der General Fanti sein Ehrenwort, sich dafür verwenden zu wollen, daß sie alsbald in ihre Heimath entlassen würde.

Während der Kriegsgefangenschaft sollten die Stabsoffiziere täglich 4 Francs, die übrigen Offiziere 3 Francs und die Mannschaft 15 Centimes erhalten.

Eine gemischte Commission bewirkte die Uebergabe, resp. Uebernahme der Festung. Eine Bürgerwehr, welche sich sofort bildete, besetzte die Wachen und Posten, die von unseren Truppen geräumt wurden.

In der Stadt herrschte große Bewegung und Aufregung. Piemontesische Offiziere und Soldaten strömten nach derselben und fraternisirten mit den Einwohnern; Concerte und Trinkgelage dauerten den ganzen Tag.

Während die Besatzung der Westseite Anconas schon am Abend des 30. September in aller Stille ihre Posten verlassen hatte und nach Toretto, einem drei Miglien entfernten Dorfe marschirt war, wurde die der Ostseite erst am Vormittage des 1. October von piemontesischen Gardegrenadieren und Marine-Infanterie abgelöst und rückte durch die Stadt am Exercierplatze vorbei, wo sie vor General Fanti defilirte, ebenfalls nach dem oben genannten Dorfe.

Doch welch' ein Marsch war das.

Die Straßen von Ancona waren angefüllt von Menschen, welche die abziehenden Truppen höhnten.

Die Häuser waren von oben bis unten mit Tricoloren drapirt, tricolore Schleifen wurden von Männern, Frauen, Kindern getragen, Pferde und Wagen waren damit geschmückt.

Nicht im Kampfe gegen die Truppen der Regierung hatten die Italiener der Macht ihrer Idee Geltung zu verschaffen gesucht; dazu hatte es ihnen an Muth gefehlt. Jetzt aber, als die besiegten Truppen abzogen, wurde ihnen mit Brutalität die Volksstimmung klar gemacht.

Die piemontesischen Offiziere hatten nicht den Muth, den Ausbrüchen der Volksbrutalität gegen die abmarschirenden Truppen entgegenzutreten, ja sie lehnten nicht nur den in der Capitulation verheißenen Schutz des Privat-Eigenthums ab, sondern einzelne von ihnen betrachteten Pferde und anderes Geräth, das ihnen gefiel, sogar als gute Beute.

Um uns hierbei nicht den Vorwurf der Uebertreibung zuzuziehen, führen wir einzelne uns bekannte Thatsachen an.

Der Lieutenant Graf Guisbert Metternich wurde von dem früher sehr bereitwilligen Wirth des Caffé's, welches die Offiziere regelmäßig besucht hatten, in Gegenwart piemontesischer Offiziere mit Schlägen bedroht und entging nur durch seine Entfernung aus dem Local denselben.

Dem Reitknecht des Major von Einem wurde das Auspassiren mit dem Pferde seines Herrn untersagt, und erhielt letzterer trotz Reclamationen sein Pferd, das wenige Tage vorher als Privat-Eigenthum aus Oesterreich gekommen war, nicht wieder.

Dem Diener eines anderen Offiziers wurde eine Pfeife seines Herrn durch einen piemontesischen Offizier abgenommen.

Wir könnten noch mehrere Fälle der Art anführen, wollen aber nur erwähnen, daß selbst die piemontesische Regierung den Capitulationsbedingungen nicht Genüge leistete, und daß es trotz Reclamationen der in Alessandria zurückgehaltenen Offiziere preußischer Nationalität, der privativen Vermittelung des preußischen Gesandten in Turin, Grafen Brassier de St. Simon, erst gelang, den betreffenden Offizieren die Erfüllung der Capitulationsbedingungen zu erwirken.

In der Nähe des Dorfes Toretto legten die Truppen die Waffen ab; Offiziere wurden von der Mannschaft getrennt und Ersteren der Garten und die inneren Räume einer Villa zum Aufenthalt angewiesen, während Letztere auf eine große, von piemontesischen Posten bewachte Wiese getrieben wurden.

General de la Moricière hatte die Einladung des Grafen Persano, bis zur Abfahrt von Ancona auf seinem Schiffe zu verweilen, angenommen, und befand sich mit seinem Stabe an Bord des Admiralschiffes.

Der Tag des 1. October verging, ohne daß sich Jemand um uns kümmerte, mit Ausnahme der Posten, welche den gefangenen Offizieren und Mannschaften den Austritt aus den ihnen angewiesenen Räumen untersagten.

In unserer Nachbarschaft lagerte piemontesische Cavallerie und Artillerie.

Eine fast lautlose Stille herrschte Abends über dem ganzen Lager, — ein starker Contrast zu den lärmenden Freuden in Ancona, von wo zu uns nach dem traurigen Toretto der Klang der Musik herübertönte und der Schimmer der Illumination herüberleuchtete.

Die Offiziere erhielten am anderen Morgen (2. October) die Erlaubniß, bis zu den Häusern von Toretto zu gehen, um Erfrischungen zu kaufen.

Die geringe Sorge, welche die piemontesischen Verpflegsbeamten sich um unsere Mannschaft machte, veranlaßte die Offiziere zu Reclamationen, in Folge deren jeder Gefangene (Offizier wie Soldat) täglich 1 Pfund Brod, $\frac{1}{4}$ Pfund Käse und $\frac{1}{8}$ Maaß Wein erhielt.

Für die Offiziere war die Marketenderei im Cavallerie-Lager eine schätzenswerthe Quelle zur Erwerbung von Lebensmitteln geworden, und das Erstaunen daher nicht gering, als Patrouillen und Posten den Zugang dazu untersagten und absperrten.

Welch' einen Grund hatten die Piemontesen, Gefangenen den Erwerb der gewohnten Nahrung verwehren zu wollen?

Wir haben vergeblich nach einer Antwort gesucht und

können nur vermuthen, daß die Beweise von Anhänglichkeit, welche piemontesische Cavalleristen (Lombarden), die früher im österreichischen Ulanen-Regiment Alexander gedient, gegen Offiziere, die sie kannten, zeigten, daß solche Beweise, welche mit den Versicherungen begleitet waren, daß die Mannschaften sämmtlicher an Piemont übergebener lombardischer Regimenter sich nach dem Augenblick sehnten, wieder unter österreichische Banner zu treten, die Sieger zu so wenig rücksichtsvollem Verfahren veranlaßt habe. Die besten Soldaten der piemontesischen Armee waren die von Oesterreich abgegebenen, und diese desertirten so massenhaft, daß nach dem Feldzuge in Rom ganze Compagnien davon gebildet und in die österreichischen Cadres eingestellt wurden, wo sie sich als besonders zuverlässig zeigten.

Im Lager verbreitete sich die Nachricht, daß der König Victor Emanuel nach Ancona kommen werde und dort die gefangenen Offiziere sehen wolle; allein schon am anderen Tage, den 3. October, wurden die gefangenen Mannschaften unter Escorte in Marsch auf Bologna gesetzt und die Offiziere an Bord des Transportdampfers „Conte Cavour" eingeschifft, um nach Genua gebracht zu werden. Jener Dampfer lag im Hafen von Ancona; ein kleinerer vermittelte die Einschiffung. Wir hatten noch einmal Gelegenheit, die Grabstätte vieler Braven, den Leuchtthurm zu sehen, bis die Anker gelichtet wurden. Gegen 3 Uhr Nachmittags setzte sich das Schiff in Bewegung. — Adieu Ancona! —

Nach siebentägiger Fahrt, während welcher mancherlei Entbehrungen unser Loos waren, während welcher die geringsten Erfrischungen für Kranke mit Gold aufgewogen werden mußten, langte das Schiff in Genua an.

Am Morgen des 13. October wurden die deutschen Offiziere ausgeschifft, zur Eisenbahnstation geführt und sogleich nach der österreichischen Grenze zu befördert. Auf dem ganzen

Wege durch Piemont und die Lombardei wurde denselben noch manche Probe der Selbstverläugnung auferlegt. Die an den Bahnhöfen versammelten Volkshaufen schimpften, drohten und versuchten auch wohl Thätlichkeiten. Besonders drohend waren die Volkshaufen in Mailand und Brescia. Die Behörden thaten nicht nur Nichts dagegen, sondern es waren im Gegentheil ihre Organe die rücksichtslosesten, wie z. B. in Mailand, wo der Freiherr von Nagel-Itlingen, der aus Versehen zurückgeblieben war, von einem Gendarmerie-Wachtmeister, unter dessen Schutz er sich stellen wollte, nicht nur verhöhnt, sondern selbst, trotzdem er vom Platzcommandanten später die Erlaubniß zum Aufenthalt im Gasthause bis zum nächsten Morgen erhalten hatte, während der Nacht aus dem Bette geholt und unter fortwährenden Drohungen und Schimpfreden wieder nach dem Bahnhofe geführt wurde, wo er unter freiem Himmel den Morgen erwarten mußte.

Wir empfanden daher Alle ein freudiges Gefühl, als nach Ueberschreiten der österreichischen Grenze in Peschiera deutsche Landsleute uns entgegen kamen.

In Verona zeigte sich die Theilnahme für unser Mißgeschick bedeutend, und je mehr wir in das deutsche Vaterland hineinkamen, je größer waren die Beweise des Interesses für die Sache, für welche wir, leider unglücklich, gekämpft.

Nicht nur in den engeren Kreisen Oesterreichs, nein, weit darüber hinaus fand der schmähliche Verrath, dem die päpstliche Armee und mit ihr das Prinzip der Legitimität erlegen, die gerechte Würdigung.

Preußen, die einzige continentale Großmacht, welche aus speciellen Rücksichten ihren Gesandten nicht von Turin abberufen, sprach in folgender Note an denselben das Urtheil über die Verfahrungsweise Piemonts:

„An den Herrn Grafen Brassier de St. Simon."
„Coblenz, den 13. October 1860."
„Herr Graf!"

„Indem die Regierung Sr. Majestät des Königs von Sardinien uns durch ihren Gesandten in Berlin das Memorandum vom 12. September mittheilen ließ, schien sie selbst uns zu einer Aeußerung über den Eindruck auffordern zu wollen, den ihre jüngsten Acte und die Grundsätze, mit denen sie dieselben zu rechtfertigen gesucht hat, auf das Cabinet Sr. Königlichen Hoheit des Prinz-Regenten hervorgebracht haben."

„Wenn unsere Antwort darauf erst heute erfolgt, so darf ich bei Euer Excellenz einer richtigen Würdigung dieser Zögerung im Voraus gewiß sein, denn einerseits kennen Sie den Werth, den wir darauf legen, unsere guten Beziehungen mit dem Turiner Cabinet aufrecht zu erhalten, und andererseits sind die leitenden Gesichtspunkte unserer Politik Ihnen zu genau bekannt, als daß Sie nicht sogleich hätten erkennen sollen, wie jede eingehende Aeußerung von unserer Seite die tiefe Kluft offen legen muß, welche in den leitenden Prinzipien zwischen uns und der Regierung des Königs Victor Emanuel besteht. Inzwischen haben aber die Ereignisse mit reißender Schnelligkeit eine solche Entwickelung genommen, daß wir zu den bedauerlichsten Mißverständnissen Veranlassung geben und uns einer völligen Verkennung unserer wahren Gesinnung aussetzen würden, wenn wir uns noch länger schweigend verhalten wollten.

Um solchen Mißdeutungen zu begegnen, stehe ich daher auf Befehl Sr. Königlichen Hoheit des Prinz-Regenten nicht länger an, Ew. Excellenz ohne Rückhalt die Gesichtspunkte darzulegen, von denen aus wir die letzten Acte der Sardinischen Regierung und die in dem oben erwähnten Memorandum entwickelten Grundsätze beurtheilen.

Alle Argumente dieses Actenstücks fußen auf dem Satze der unbedingten Berechtigung des Nationalitätsprinzips. Sicherlich liegt es uns fern, den hohen Werth der Nationalität bestreiten zu wollen; bildet doch diese eine wesentliche und offen anerkannte Triebfeder unserer eigenen Politik, welche in Deutschland stets die Entwickelung der nationalen Kräfte und ihre Zusammenfassung mittels einer wirksameren und machtvolleren Organisation zum Ziele haben wird.

Aber wie groß auch immer die Bedeutung sein mag, welche die preußische Regierung dem Nationalitäts=Prinzipe beilegt, so glaubt sie daraus doch in keiner Weise einen Rechtfertigungsgrund für eine Politik entnehmen zu dürfen, welche es unternähme, sich von der Achtung loszusagen, die dem Prinzipe des Rechts gebührt. In unseren Augen erscheinen vielmehr beide Prinzipien durchaus nicht als unvereinbar. Ganz im Gegentheil leben wir der Ueberzeugung, daß allein auf dem legalen Wege der Reform und unter Respectirung der bestehenden Rechte es einer gesetzmäßigen Regierung gestattet ist, die gerechten Wünsche der Nationen zu befriedigen. Nach dem Sardinischen Memorandum dagegen müßte jede andere Rücksicht vor den Ansprüchen der nationalen Bestrebungen zurücktreten, und wo nur immer die öffentliche Meinung sich zu Gunsten solcher Bestrebungen aussprüche, bliebe der bestehenden Autorität nichts übrig, als unbedingte Unterwerfung unter diese Willensäußerung.

Eine politische Lehre, welche in so schroffem Gegensatz zu den Fundamentalprinzipien des Völkerrechts steht, kann nur unter den größten Gefahren für die Ruhe Italiens, für das politische Gleichgewicht und den Frieden Europas zur Geltung kommen; mit ihr verläßt man den Weg der Reform und wirft sich auf die Bahn der Revolution.

Demungeachtet hat die Regierung Seiner Majestät

des Königs von Sardinien, gestützt auf die von ihr behauptete absolute Berechtigung der italienischen Nationalität und obwohl außer Stande, irgend einen anderen Grund für ihr Begehren anführen zu können, von dem heiligen Stuhl die Entlassung seiner nicht italienischen Truppen verlangt; zugleich ist sie, ohne die Weigerung desselben auch nur abzuwarten, in die päpstlichen Staaten eingebrungen und hält deren größeren Theil noch zur Stunde besetzt. Unter demselben Vorwande ist den Aufständen, welche in Folge dieser Invasion ausbrachen, Vorschub geleistet und die für die Aufrechterhaltung der öffentlichen Ordnung gebildete Armee des Papstes angegriffen und aufgelöst worden. Und weit entfernt auf dieser unter Beiseitesetzung alles internationalen Rechtes beschrittenen Bahn nunmehr Halt zu machen, hat die Sardinische Regierung so eben ihren Heeren den Befehl ertheilt, die Grenzen des Königreichs Neapel zu überschreiten, mit der eingestandenen Absicht, der Empörung zu Hilfe zu kommen und das Land militairisch zu occupiren. Zu gleicher Zeit wird den piemontesischen Kammern ein Gesetzentwurf vorgelegt, welcher neue Annectirungen auf Grund des allgemeinen Stimmrechtes zu bewirken bestimmt ist, und welcher damit eine Aufforderung an die italienischen Völker richtet, feierlich die Thronentsetzung ihrer Fürsten auszusprechen. So erlaubt sich die Sardinische Regierung in demselben Augenblicke, in welchem sie sich auf das Nicht-Interventions-Prinzip zu Gunsten Italiens stützt, den anderen italienischen Staaten gegenüber die schreiendsten Verletzungen desselben Prinzips.

In die Lage versetzt, über solche Thaten und solche Grundsätze uns auszusprechen, können wir darüber nur unser tiefstes und aufrichtigstes Bedauern ausdrücken; ja wir können nicht umhin, es als eine unabweisbare Pflicht anzusehen, ausdrücklich und in der unzweideutigsten Weise zu erkennen zu geben, daß wir jene Prinzipien ihrem Wesen nach eben so sehr, wie in der ihnen gewordenen Anwendung auf das allerentschiedenste mißbilligen.

Indem ich Sie ersuche, Herr Graf, die gegenwärtige Depesche dem Herrn Grafen Cavour vorzulesen, und ihm eine Abschrift davon zu lassen, ergreife ich die Gelegenheit u. s. w.

(gez). Schleinitz."

So lautete das Urtheil König Wilhelm I., der in Allerhöchstem Wohlwollen für die Entwickelung und das Glück des gesammten deutschen Vaterlandes laut und offen vor der ganzen Welt erklärt:

„Ich halte fest am Königthum von Gottes Gnaden!"

Nicht derjenigen Macht der Revolution, welche in Frankreich zu verschiedenen Malen Throne gestürzt hatte; nicht der Geschicklichkeit eines befähigteren Generals war de la Moricière unterlegen; nein! — dem Willen des Kaisers Napoleon, der seine wiederauftretende politische Wirksamkeit fürchtete. An das Geschick de la Moricière's heftete sich das des Kirchenstaates.

Nur die Macht und der Wille des Kaisers Napoleon halten das gegenwärtige Italien aufrecht. Wenn aber einst diese Macht gebrochen oder der Wille geändert wird, dann wird auch „das Königreich Italien," weil es der moralischen Grundlagen entbehrt und deshalb die Keime des Verfalls schon bei seiner Begründung in sich trägt, dahinsinken! —

Druckfehler.
Seite 31, Zeile 13 von unten soll es heißen: „Cöln" statt: „Coele"

Druck von G. Hickethier in Berlin, Wilhelmstr. 48.